共生书房

共生价值观与生活味道

林立平　等◎著

中国经济出版社
CHINA ECONOMIC PUBLISHING HOUSE
北　京

图书在版编目（CIP）数据

共生书房：共生价值观与生活味道 / 林立平等著
. —北京：中国经济出版社，2021.11

ISBN 978-7-5136-6699-2

Ⅰ. ①共… Ⅱ. ①林… Ⅲ. ①商业道德 – 研究 ②企业
– 价值论 – 研究 Ⅳ. ① F718 ② F270

中国版本图书馆 CIP 数据核字（2021）第 212369 号

责任编辑 叶亲忠
责任印制 马小宾
封面设计 久品轩

出版发行 中国经济出版社
印 刷 者 北京建宏印刷有限公司
经 销 者 各地新华书店
开　　本 710mm × 1000mm 1/16
印　　张 14.5
字　　数 210 千字
版　　次 2021 年 11 月第 1 版
印　　次 2021 年 11 月第 1 次
定　　价 68.00 元
广告经营许可证 京西工商广字第 8179 号

中国经济出版社 **网址** www. economyph. com **社址** 北京市东城区安定门外大街 58 号 **邮编** 100011
本版图书如存在印装质量问题，请与本社销售中心联系调换（联系电话：010-57512564）

此书献给

生物多样性保护工作者与生物多样性文化艺术事业

并以此怀念林立广、林立波

序　言

Preface

生活的滋味

当记忆成了碎片，生活也便慢了下来，剩下的多是些美好与感悟，把它们拾掇拾掇拿来下酒，几盏过后，呷几口小菜儿，再拈几粒茴香豆，扒两只虾爬子，仿佛生活的味道这才丰富起来。

生活就像酿酒和烹小鲜，闲暇下来才能品出自己。如果你还匆匆在上班的路上，抑或你仍勇往直前没有回头望一望的时间，生活的滋味便不会眷顾于你，这本书也摆不到你的眼前，即便有机会摆在你的桌上，恐怕你也没心情静下来多看它几眼。因为它不是那种“快活体”的鸡汤，而是一壶“慢活体”的陈酿，是一桌老菜，它希望享受生活的人能够安坐下来，轻轻地细嚼慢咽。

有机会也有时间将生活中的一点一滴酿成小酒，把记忆里的酸甜苦辣烹成小鲜，偶尔自酌自饮，让自己的生活过得有滋有味，不啻是一种快意人生，虽然它免不了带上那么一点儿的孤单。这在弗洛伊德的眼里或许是一种人生的“自恋”，而在安·兰德的心里没准儿这正是人生的自由和“自私的美德”。有意思的是，人一旦有了感知或想法，哪怕是一丁点儿，就会产生一种表达的欲望和冲动，就像有了好酒好菜一定要叫上几个朋友来分享一样。你不让他表达，他就会抑郁。一个人抑郁尚不可怕，若是一家子都抑郁了，整日里没个声音，或是只有锅碗瓢盆的叮当声响，那还叫生活吗？你不让他叫朋友来一起分享酒食，他只有一个人喝闷酒，不仅心情不畅，还会伤身。所以人总是要相互交流的，酿酒用的粮食哪一粒是自己种的？油盐酱醋又有哪一样是自己生产的？终究人是智慧型的社会动物，人与人之间的相互依赖与相互联系，才构成了我们生活的本质。生活原本就是因为有家人的存在，有其他人的关联，并且愿意分享自己的生活，共享自己的快乐，才真正有了滋味和意义。或许正是因为这种相互的分享，才构成了我们今天共存共在的共生生活。

“共生”？是的！这是个热词，随便搜索一下，大数据结果都是以亿计数的。然而什么叫共生？恐怕能讲清楚的人不在多数，就像什么是“人”的问题一样，我们都是人，却未必都能把“人”的本质说明白。生物学讲“共生”，主要是指不同生物之间形成的相互关系，有互利共生、偏利共生以及内共生、外共生等。可现在人讲共生，已经不限于某个学科，而是泛指社会，泛指万物，讲的是万物之间的相互依赖与相互联系了。若再往细处琢磨，共生所蕴含的似乎又不止这些，它更像是人的一种认识态度，一种客观精神，一种心灵深处的价值衡量。所以说共生本就是一种生活方式，一种人们在社会生活中的价值伦理，一种人们认识宇宙自然的哲学维度。

《共生管理》和《共生书房》这两本书，是我多年来结合自己的企业管理经验和日常生活体会，对共生价值观和生活观进行的初步思考。前者偏重于经济学和管理学，后者则是我在读书写作和居家生活中的随笔散记。既然是生活杂文，又带有文学基调，这就不得不首先追求生活的味道，同时还要用“文学性”把它写得有趣一些，漂亮一些。也正因为要品味生活，家庭生活理所当然成了首选，所以书中收录了林真好小朋友在11岁前后写的几篇作文和诗歌。她妈妈平时也写了不少散文，书中收录三篇，也都是些童年的趣事和记忆。在孩子和女人眼里，这世界像水一样，那么清，那么纯，不像我们这些用泥或铜做成的，总免不了带上一些又浑又浊的气味。好在杂文不光是讲究“文学性”的，它也许是生活品位的另一种表达，这味道究竟如何，还得靠读者自己品了尝了才会知道。

书中未标明作者的，便是我多年来集下的短篇，自知不擅长辞藻，只想活出点滋味而已。既活出自己，又融入社会，或许就是共生生活的味道。但无论什么味道，生活的滋味都要自己品，自己品出的，才是自己的生活、自己的味道。

要感谢的人和事太多太多，把客套话放下，也收回万千思绪，谨为序。

林立平

2021年3月30日于大连共生书房

目　录
Contents

上篇

生物多样性

——自然与生活

永别的“长江白鲟”

2020 年 1 月 4 日早晨，我驾车送孩子上学。回来的路上，《中国之声》广播道：“据世界自然保护联盟正式宣布，长江白鲟已灭绝。”我听着听着，情不自禁地把车停在了路边，让自己稍微平静一会儿，才把车开回家。

“白鲟灭绝，听到即是永别！”我回到家急忙在网上浏览相关信息，《楚天都市报》《人民日报》等全网各大媒体纷纷转发，无数网友惋惜不已。长江白鲟有“中国淡水鱼王”之称。2019 年 9 月中旬，围绕长江白鲟等欧亚十几种鲟鱼物种的濒危评估，世界自然保护联盟（IUCN）专家组在上海连开了 3 天会，我国长江水产研究所首席科学家危起伟教授和他的学生张辉博士参加了会议。此前 IUCN 及国外专家曾几次认为应宣布白鲟灭绝，危起伟一直不同意。但这一次，危教授接受了白鲟灭绝的评估结果。在多年监测无果的情况下，近两年来，他和团队开始按 IUCN 评估模型研究白鲟现状，得出的结论是：白鲟可能已于2005年至2010年间灭绝，且可能早在 1993 年就已功能性灭绝，即自然种群无法进行繁殖活动。但在感情上和心理上，我能够理解危教授，谁都不愿意接受这一事实。

这让我想起爱德华·威尔逊教授，他是世界上最早提倡保护生物多样性的专家学者之一。他认为如果要给现代生物多样性的研究确定一个开始时间，那就是 1986 年 9 月 21 日，这天美国国家研究理事会和史密森学会在华盛顿特区联合举办了生物多样性国家论坛。会议为期 3 天，60 多名顶级生物学家、经济学家、农业专家、哲学家以及资助机构和领导机构的代表会聚在一起。威尔逊经过两年的编辑整理，将此次会议的成果以《生物多样性》（*BioDiversity*）为题出版了[①]，至少从科学类出版物标准来看，这是一本国际畅销书。此后，威尔逊在他的著作中统一采用“生物多样性”一词，该术语也由此确立并普及开来。《生物多样性》一书涵盖了许多内容，主要侧重于生物学。威尔逊在此基础上进一步对生物多样性展开深入研究，后来又成了另一本书的主题，即1992年他首次出版的《缤纷的生命》。[②]

《缤纷的生命》及世界自然保护联盟的《红皮书》告诉我们，人类进入工业社会，生物多样性灭绝速度提高了上千倍，17世纪和18世纪鸟兽平均灭绝速度为每年1种；至20世纪末，全世界平均每小时有3种物种灭绝。威尔逊指出，即使采用更加宽松的参数，选择有偏差的方式，得出最乐观的结论，每年注定要灭绝的物种数仍有2.7万种，每天灭绝74种。在20世纪有110种和亚种的哺乳动物、139种和亚种的鸟类在地球上消失了。所以，威尔逊认为生物多样性已经濒临高度危机，“显然我们正处于地质历史上最大的灭绝灾变之中”。地球有史以来已发生过5次大灭绝，而正在发生的第6次大灭绝恰是人类肆无忌惮攫取和掠夺造成的。

想想我自己对生物多样性的认识过程，满是惭愧之情。小时候自己做过弹弓，做过火枪，做这些“小玩具”的目标只有一个，那就是树上那些可爱的小鸟，偶尔打掉一只，高兴得就差没雀跃到天上去了。伯父参加过解放战争，枪法超准，看他有那么多的奖章，像是立了很多功，父亲便跟他学会了打枪，还时常领着我上山打野鸡。每次回来他都会把那杆猎枪擦得亮亮的，一有空便又坐在那里一声不吭地织起渔网，1960年闹饥荒时，我们一家人多亏能抓鱼打猎才活了下来。那个时候没人告诉我要爱护小鸟、保护生态什么的，我只知道上山打柴时不能砍那些能够成材的乔木，而那也只是为了让它们长大成材，压根儿没想到生态环境之类的大道理。

那个时候天是蓝的，水是清的，晚上可以数着星斗辨别方向，白天还能和小伙伴一起到收割完的地里去挖老鼠。刚出生的小老鼠眼睛还没睁

① 生物多样性英文原为Biological Diversity，该书出版之后，Bio Diversity作为专有名词逐渐被接受。

② 爱德华·威尔逊．缤纷的生命［M］．金恒镳，译．北京：中信出版社，2016．

开，在我们的小手里吱吱地叫着，一群群的小麻雀也到地里来捡食遗漏掉的谷粒，叽叽喳喳地，伴和着小伙伴们的笑声。

或许正是因为我们当时就生活在原本生态的环境之中，反而不去想什么生态环境了。甚至还把老鼠和麻雀列入了“四害”，不赶尽杀绝不足以为快。当我们失去了蓝天，没有了绿水，没有了青山，地里的小老鼠没了踪影，河里的蝲蛄或已绝迹，身边的亲戚朋友一个个患上种种怪病相继离我们而去时，我们这才开始反思，开始醒悟，原来我们在美好的环境中健康地生活着、快乐着，比挎着名包、开着豪车、住着高楼更能接近生命的意义。

我们需要美好的生态环境，而生态环境并不欢迎只会给它带来创伤的我们。我们需要小鸟、老鼠以及其他生命，它们生活得好，我们才会有美好的环境，而它们并不需要从来只知道猎杀它们的人类。

爱护生命吧，包括那些所谓的害虫和病毒（如果有什么“除此之外”，那么大概只有虱子和跳蚤了）。所有生命的共生共在，才是生物多样性的原本造化。若有一种生命为了自己的生存享乐而不惜使用一切手段去毁灭其他生命，这不是生物进化，这是对其他生命的不公和伤害，而最终也会伤害到他们自己。因为所有的生命原本都是同宗，都是朋友，都是一起共同演化成的生物圈中的一员。生物圈中的每个成员都离不开这个由一个个生命体共同组成的生命网络，而生物圈却可以没有我们人类。放下傲慢，学会谦逊，尊重差异，爱护生命，与万事万物共生共舞，这才是地球上最聪明的精灵所应持有的生活态度。

2021 年 6 月，我刚考察过汉中，又有幸与同学一起到神农架祭拜了炎帝神农氏，并重游了三峡。雄伟的三峡大坝令世人瞩目，让国人自豪，巫峡、瞿塘峡虽已不同往日原样，但仍不失其险峻壮美。看着长江沿岸新型的建筑和成片的橙林，一时感慨良多，自知不擅辞藻，仍禁不住咏成平韵《卜算子・与同学重游三峡》一首，试录于下：

才饮汉江水，
又乘三峡船。
汉山脚下汉风在，

西陵不见猿。
雄坝惊世界，
秭归再问天。
神农坛祭多样性，
万物共自然。

院子

1

院子是一种情结，中国人骨子里抹不掉的那种情结。小时候在院子里玩耍、长大，这就与院子结下了一生的缘。

北方的婴儿先是在炕上学会了爬，跌跌撞撞地蹒跚学步，却是在院子里一步一趔趄地逐步走稳的。北方地多人少，普通人家的院子多比南方的大，屋里的炕也比南方的床大，在炕上爬远比在床上容易，在院子里藏猫猫也常常让大人捉摸不到。北方孩子长得高高大大的，多半与这炕和院子有着更大的活动空间有关。稍大一些，孩子们也往往从院子起始，开始认知外部世界了。我小时候就经常在院子里干一些数蚂蚁、捉蛐蛐儿、打老鼠、扣麻雀的事儿，邻家小伙伴来了，玩得最多的，是那种弹溜溜、打杏核、投瓦片的乐子。一年到头院子里最大的事是“杀猪”。邻居家的叔叔婶婶一大早就过来帮忙，先是架起一口大锅，用柴火烧上一锅开水，养了一年多的肥猪一阵嚎叫之后，便被抬到锅里，任你翻转滚烫，它再没了叫声。经过吹胖、褪毛以及灌血肠、炖猪骨等一系列的忙活，几桌“杀猪菜”也就凑齐了，叔叔们开始上桌喝酒吃肉，婶婶们仍在端菜倒水地忙个不停，直到有的叔叔醉倒在雪地里，“杀猪”的大事才渐渐收了场。春天开学了，我最喜欢跟小朋友一起写作业，把炕桌搬到院子里，坐在小板凳上，背着太阳，晒得浑身暖洋洋的。后来读到鲁迅家的“百草园”，方知南方富人家也有大院儿，院中有皂荚树、桑树，有鸣蝉长吟、油蛉低唱，也是有无限趣味的。

院子和园子每每唇齿相连，或分不出院子还是园子。能够活动玩耍的便是院子，与院子连接的又有园子。园子里种的多是些蔬菜水果之类，食用很是方便，常常在吃饭时现去拔两棵葱，再摘下几片生菜叶和一根黄瓜，蘸着大酱，嚼得香脆香脆的，尤其开胃。刚时兴化肥时，父亲也好奇地买来一袋子用上，结果那年的蔬菜几乎没法生吃，嚼起来既不香也不脆。父亲说还是自然的好，从此我们的园子再不用化肥而只用农家肥了。有几年父亲还在园子里种了几垅烟草，绿绿的、大大的叶子，摘下后用细绳拴成一串串地挂到院子里，没几天就由绿变黄了。直到金黄色时，父亲才把它们取下来叠放好，用的时候拿出几串来搓碎，放到烟笸箩里。爷爷抽烟袋锅，父亲则抽卷烟，用薄纸卷成一只小锥子，把锥子尖尖掐掉，小头放到嘴里，从炕上火盆里夹一块炭火抵到大头上，吸几口，鼻子就冒烟了。看着爷爷和父亲摆弄得如此有趣儿，六岁那年我便偷偷模仿着卷了一只，鼓弄了半天，没抽上两口早已呛得鼻涕泪水模糊一片了。从此之后，我便成了一家子七口之中唯一不抽烟的“另类”。

院子里还养了鸡、狗，有时也养过鹅、鸭。大概是怕它们跑丢了，便用木棍或劈成一条条的柴火棒子围了起来，书面语称为“篱笆”，而我们小时候管这叫“杖子”。用“杖子”围成院子，出入就得有大门，大门也是用柴火棒子做的，每次开启都得先把门抬起来，挪动时常常发出嘎吱嘎吱的响声，大概这就是诗文里所说的“柴门”吧。曹植的《梁甫行》提到的“柴门何萧条”，唐代刘长卿“柴门闻犬吠，风雪夜归人”的诗句，父亲开门时也曾念叨给我们听过。父亲从小学教师做到校长、书记，再后来又到教育局、卫生局当了领导，家境略好起来，柴火棒子反而不易弄到，于是就用砖石砌成围墙，大门也改成木板的了，这时我对“高墙”“朱门”又有了新的认识。院子有大有小，墙体有高有低，大门以及门楣、门楼的式样更是千差万别。而这些差别往往又与院主人的身份地位相联系。篱杖与高墙反差呼应，柴门与朱门贫富相映。杜甫一生贫困潦倒，所以常用“柴门”来自嘲家院，反用“朱门”来形容富贵人家。或因白居易有“谁家起甲第，朱门大道边？丰屋中栉比，高墙外回环”的《伤宅》诗篇，所以《幼学琼林》便道是“朱门乃富贵之第，白屋是布衣之家”。只是高墙一围，外人便不知院内的光景，院内也少见外面的风光，于是就有了唐代吴融“一枝红杏出墙头”，以及欧阳修、李清照时不时感叹的“庭院深深深几许”的词语。再后来，人们对北京的“四合院”探研得越发缜密了，有“三进”“五进”的大院，我曾幻想，偌大的院子里是种了多少菜、养了多少鸡呢？在北京读博士时终于有了机会到同学徐焰的岳父家里，那可是最高法院院长的家，进了朱门第一道是门卫，转过影壁第二道还是门岗，院内除了几株参天古树，却没见着有瓜果鸡鸭。这才让我明白，篱笆墙里的视野竟会严重限制对高墙内的想象，亦如高墙内的目光同样看不到篱笆院里的风景一样。

2

“院子”的历史没准儿已有几千年了，然而语言学上的“院子”一词却出现得很晚。《现代汉语词典》中的“院子”，是专指“房屋前后用墙或栅栏围起来的空地”，这样的专有语境，其实也不过几百年的时间。

“院子”最早表现的或许并不是空间场所的概念，而是专指用来围合场地的垣、墙，所以《广雅》说：院，垣也。《玉篇》也说：院，周垣也。垣要牢固，要稳定，所以《说文解字》说：院，坚也。“院”是用来围合空间场地的，它最初并没有空间感，但毕竟一定的空间场所是由“院”围合而成，久而久之，“院”字也便带有空间意义了，于是《增韵》便说“有垣墙者曰院”。这就像古时候的城市多设有东、西两市，买卖交易活动主要在两市中进行，邻居问一声：“干什么去？”你说，“买东西去”。那意思是说你要到东、西两市去买物品，而不是要把两市给买下来，一如今人说“看医生去”，是要去找医生为自己看病，而不是你要去探望医生。“院”字也一样，用久了也便不仅仅用来表示垣墙了，用垣墙或栅栏围合起来的空间场地也就成了“院”。

即便“院”字有了空间含义，但“院子”一词仍然不是专用来表示空间场所的，而是常常用来指某种身份的“人”。元曲《琵琶记》第三出有这样一句末白：“小人不是别人，却是牛太师府里一个院子。”其所说的“院子”，显然不是物，是人。就像我们今天常说的“厨子”，不是指厨房场地，而是指在厨房里烹饪饭菜的师傅。“院子”也一样，有相当一段时期专指在“院”里干活的人，干的多是些打扫护理的活计，身份卑微，属于社会底层，类似于仆人或佣人。《宋史》记载，宋徽宗政和五年（公元1115年）增置“入内院子”五百人，有时称为“扫洒院子”，即扫洒院落的“人”。或许正是因为“院子”身份低下，于是也有把身份卑微的底层贫民的生活活动场所称作“院子”的，如城市中的“贫民窟”或妓院。《东京梦华录》在讲到北宋京城诸色杂卖的底层民众时说：“其后街或闲空处团转盖屋，向背聚居，谓之‘院子’，皆小民居止，每是卖蒸梨枣、黄糕麋、宿蒸饼、发牙豆之类。”毋宁说这里提到的“院子”，更像是我们今天城市里的“棚户区”。《水浒传》里九纹龙史进也曾自己承认“与院子里一个娼妓有染”，一般认为这个院子就是指妓院了。《喻世明言》卷十二谈到名妓陈师师时，说她住的地方也是称“院子”的。可知“院子”一词原本不那么好听。

“院子”一词从人向物、从身份向场所的演化，很大程度上得益于民间小说话本的兴起，或者说“院子”本是俗语，它是伴随文化的俗世化过程才逐渐完成它的语境进化的。而文化走向生活，面向世俗，恰是从中唐以后的话本小说中凸显出来。《太平广记》是以唐代为主的小说汇集，其中有一折故事，讲的是唐末有一位叫康义诚的人，被当兵的抓到一个大宅里充了“院子”，时不时受人欺负和斥责。后来河阳节度使怜他年迈体弱，关心地问他“老家在哪里？家里还有什么人？”结果发现这位“院子”正是他的父亲。也正是从中唐以后，用“院”来表示空间场所的用法日渐普及开来，有宅院、庭院、大院、小院、内院、后院等各种用法了。白居易有“前庭后院伤心事，唯是春风秋月知”的诗句，后唐李煜“风回小院庭芜绿”，北宋苏轼“深深庭院清明过”等，更是人们耳熟能详的。而习惯性地用“院子”来直指垣墙或栅栏等围合空间的场所语境，却是到明代才渐渐约定俗成的。明代小说《金瓶梅》中，很多故事都发生在“院子”里，书中表达场所空间的“院子”一词竟也出现了26次。著名词话小说“三言二拍”，用“院子”一词来表达庭院或院落空间也开始习以为常，如《初刻拍案惊奇》即有“小夫妻两口恩爱如山，在六老间壁一个小院子里居住，快活过日”。但在元明时期，忽而说“在小小院子里玩耍”，忽而讲“院子来报”“院子万福”,“院子”一词有时指场地处所，有时指仆使人物，尚属语境进化的过渡时期。到了清代，“院子”一词才真正在语言学上专指“用墙或栅栏围起来”的空间场地了。这在《红楼梦》中体现得最鲜明不过，如第二十七回晴雯一见了红玉，便说道：“你只是疯罢！院子里花儿也不浇，雀儿也不喂，茶炉子也不熾，就在外头逛。”其他如《儒林外史》《官场现形记》《老残游记》等名著当中如此用法也都屡见不鲜，此处无须赘言了。

3

生活主义也好，生活哲学也罢，我们每个人确确实实每时每刻都逃离不开生活，而我们生活于其中的场所空间，这其中也包括“院子”，无不在伴随生活的变化而改变着模样。

有人说有了房子之后，慢慢地也就有了院子，院子是跟房子联系在一起的。在西方人眼里，是万能的上帝最先造了人也造出安置人的伊甸园，仿佛人类一开始就与园分不开。依进化论而言，人类从游牧走向定居，由狩猎趋向农耕，房子和院子总是与人类稳定的生产活动和居住生活相联系的。说不定是先有了某块稳定的狩猎领地，进而开发了驯养、种植的专属区域，并在其中辟出一方集体舞蹈和祭祀的空间，久而久之便形成了原始的广场院落，而那时人们或许还处在穴居或树居阶段。由此说来，原始的“院子”或许早于房子而存在，只是它最终成形总是离不开房屋之类的建筑构造而已。所以先有房子还是先有园或院儿，两者孰先孰后并不重要，重要的是它们总是跟生产和生活密不可分。

我们的祖先进入农耕生活之后，建造房屋从事稳定的一家一户的生产生活便成了智慧的选择。还记得小时候背诵的课文有“房前屋后，种瓜种豆，种瓜得瓜，种豆得豆”。想必原始的小农经济环境下生产和生活多是融合在一起的，很难想象它们能截然分开。虽然在古汉语中，“苑”“园”“圃”“囿”等词语用义有明显区分，或曰“苑”所以养禽兽也，“园”所以树果也，“圃”所以种菜也，“囿”所以有垣驯养禽兽也，等等。

但在实际生产生活中，“园”和“院”往往是既有联系又有区分。只有在城市生活有了一定的发展，房屋建筑和民居生活有了一定的规模并形成一定范式的情况下，“院”作为活动场地才有可能与生产活动相分离，成为家庭或家族生活交流的情境空间了。

当“院”脱离了生产活动，它便朝着“宅院”“庭院”纯粹民居的方向发展着，进而成为中华民居最为鲜明的特征。农耕民族最关心的是天地风雨、四季冷暖，所以我们的祖先从一开始就对宇宙自然有着独特的认知。万物生长离不开水的滋润，这便有了大禹、李冰等无数的治水故事；庄稼植物需要阳光照射，居住方位也就崇尚朝南、向阳；对天圆地方的宇宙认知，在居住方位上更是坚守“中正”“方正”的美学思想。久之，“合院”住宅就成了中华民族最具代表性的建筑方向。据孙大章先生《中国民居研究》，秦汉时期“四合院”的民居形式已经基本形成，民宅大院和诸侯王宫，也大都以围合的“方正”形式展现出来，越是富有阶层的“院”，越是呈现出与生产性的“园”相分离，从而形成以生活情趣和闲逸观赏为主旨的园林庭院的发展趋向。

靠天吃饭的农耕民族，关于宇宙的所有认知无不是从人与自然的关系起始，以天地为父母的“道法自然”的思维定式，更是逐渐形成天、地、人浑然一体的哲学体系，进而将整个民族的思想生活紧紧地与自然融合在一起。源于自然进而崇拜自然，不仅抑制了超越自然的万能神的产生，还将生活的一点一滴、方方面面，都能精细地镌刻出自然的味道。庭院园林虽然与生产活动相分离了，但却从未远离自然，恰恰相反，它反而成为人们日常生活融入自然环境的中介，成为人们居住生活依恋自然的另一种追思与创造。大到起山理水、亭台桥榭，小至一花一草、一竹一木，院落里的人文景观无不体现着自然的精神。据文献记载我们知道，汉代富裕的大户人家已经开始修筑豪华园林，如西汉的袁文汉，东汉的梁冀等人家，院制宏伟，有山有水，建廊修阁，已是十分精巧了。从山东诸城出土的东汉墓画像石可以看出，大型宅院已是由多重房屋与院墙围合而成，院内有水池游船，门有双阙，方正格局已然成形。西晋石崇的金谷园，唐代王维的辋川别业，直到宋代李清照父亲李格非《洛阳名园记》中列出的 19 个著名园林，私家民居的园林庭院无论是房屋建筑还是造园法式，应该说都已走向成熟了。这其中流传最广的当属司马光的“独乐园”，而其“所以为人欣慕者，不在于园耳”，而在于“独乐乐，与人乐乐，孰乐？”的众生理想。

好友陈一峰，为了研究精品度假酒店几乎走遍了全世界，好不惹人钦羡。想想自己也很幸运，因为工作原因，国内现存的大宅庭院和私家园林也大都看过了。但凡去过苏州、福州以及广东、山西、云南的游人或许都会感知到，明清时期我国的庭院民居和私家园林业已达到鼎盛的成熟阶段，像著名的拙政园、留园、个园、何园，以及广东的清晖园、梁园、可园、余荫山房，山西的乔家大院、王家大院，福建的爱荆庄、宏琳厝、三落厝，客家的进士第、东生围、苏家围屋，白族的张家花园、严家大院，还有一大批名人故居，等等。然而不论东西南北，不分民族习俗，院落式民居已然蔚成风尚，成为中华民族骨子里依恋自然、梦回自然、与自然共生的刻骨不忘的精神世界和依依情怀。明代计成在其所著《园冶》一书中，仅用了 8 个字即将中国园林的这种风骨气质概括得一览无遗，那就是“虽由人作，宛自天开”的自然气节。

尊享着传统园林的意趣，最初，我也把自家不足一百平方米的小院子打造成了以休憩为主的小花园，还专门请了大师级人物姜学申给做了园林设计。有四角木亭，一座小假山，山上流下涓涓细水，汇到小鱼池，沿溪水两侧种植花卉植物，靠近外墙边有两棵大樱桃树和一棵桃树。起初在亭下读书、喝茶，偶尔在院子里烧烤，每次都吃得林真好和她妈妈不行不行的，确是蛮多乐趣。可好景不长，一次姥姥不知怎的上吐下泻，打了两天吊瓶，医生说是食物中毒，姥姥回忆说，肯定是买的菜花有农药残留，洗了那么多遍还没洗净给毒着了。看看周围邻居，一个个都把花园变成了菜园，于是一家人经过讨论、争辩，最终还是决定进行改造，把花园改成菜园，让院子变成园子，只保留了亭子和一棵樱桃树。没曾想第二年，园子里的小白菜、菠菜、萝卜、油菜、生菜、西红柿、茄子、辣椒、黄瓜等，都长得十分可人，自家吃不完还送给邻居好友，送的时候还要加上一句“没农药、没化肥”，让人家放心吃。有时我傻呆呆地望着园子在想，土地呀土地，只一小块就能养活一家人，“稀缺”经济学理论真的有土地与人口的计量根基吗？

无独有偶。到了四川禹总家里，大大的别墅，大大的院子，游泳池成了养鱼池，花园已被各种菜果占领，角落里还有一个鸡舍，吃饭时也要特意介绍一下，所有的菜都是自己种的。十多年前去看他时，他是在五星级豪华餐厅里请我吃的饭，此次他妻子高兴地对我说：“在家里吃好，放心！”

园子—院子，院子—园子。从脱离生产，到回归生产，从玩味自然山水的精神境界，再到功利主义的自给生活，这是怎样的轮回？是什么力量能够推动这样的轮回？是金钱？不缺钱；是战争？没发生；是权力管制吗？没人介入。那是怎样的一种力量呢？

4

凡人都有一种“崇大”心理，房子要大，院子要大，公司要做大，城市也要大大化，区域更要一体化，学术人称之为“规模效应”，挡不住的被广告以为“增粗增大”就好。其实未必。经济学中的“最大化”是有限度的，边际成本等于边际效益时才是最佳状态，这听起来有点玄学的味道，却在告诫企业家，公司不是越大越好，超过了边际的“度”，利润就会下降，风险反而提高。《宅经》也有“五虚”之说，指的是宅大人少、门大内小、墙院不完、井灶不处、宅地多屋少庭院广，遭此“五虚”是会“令人贫耗”的，并不吉利。富商胡雪岩即深谙宅院之道，他在杭州的故居就不是以大见称，总共只有10亩多地，但精巧充实，趣味盎然。很多文人乃至富商，他们对“院子”的追求也都不在大上，而是更加注重“合天道自然”的巧思趣想。韩愈的《庭楸》即把“庭楸止五株，共生十步间”玩味得如醉如痴；郑板桥对自家“十笏茅斋，一方天井，修竹数竿，石笋数尺”的小小庭院，更是体味到了“非惟我爱竹石，即竹石亦爱我也”的心灵境界。他的竹石画品之所以别具一格，风骨千秋，其内里的艺术情趣恐怕正出自这茅斋小院。这倒是说白了，院子莫要贪大，精神情趣才是它的首要意蕴。

生活中最是妙趣横生的地方莫过于“院子”了，思绪里的“乡愁”几乎都梦绕着“院子”。三毛的《乡愁》，总是与她周游世界，走遍万水千山牵扯出的情愫分不开；琼瑶的《乡愁》更是她与生俱来的离别情感。但更多的人没有机会或条件“宦游四方”，反而是自家小院，“一时小景，有情有味，历久弥新”，让很多文人骚客浮想联翩，不能忘怀。鲁迅小时候若是家的后面没有一个很大的园，便不会写出饶有风趣的《从百草园到三味书屋》；汪曾祺若非生活在祖父时建造的“几进”的大院里，生活主义的文学风范以及《花园》中花鸟鱼虫的细腻描写便不会跃然纸上；选在课本中的《荷塘月色》，不也正是作者“在院子里坐着乘凉”一时兴起的神来之笔吗？是院子！院子不仅给了老舍《养花》的快乐；给了西雨客《院子里的狗》的窗前凝望；甚至给了英国哲学家培根《论园艺》的灵感；更是给了每一个在院子里长大的我们，留下了难以数计也难以言状的乡愁记忆。

后面收录的《鸟葬》《外婆的火炬树》，若不是当初自己买房时看中了一楼带有一方小院，恐怕林真好也就不会有那么多“院子”里的童年乐趣了。比起其他住在现代楼房里的小朋友，她真的有幸。土地总是有限的，从经济性考虑，万不能让所有人都住进有院子的平房里，把房子叠架起来，建成高楼大厦，不仅占地节省了，也降低了建造成本，这是城市人口居住形式的必然选择吧。

然而人们一旦住进楼房，传统的“开门进院，登堂入室”的生活习俗也就渐行渐远了。院子里的童年情结和那么多的名人故事，很是让我不甘，我在想，能不能把“院子”搬进楼房呢？让那些住进高楼里的人也能享有院子，让他们的孩子也能有院子里的记忆和“乡愁”，那将是多么美好的“让楼房与自然接吻”呢？我开始潜心研究，痴痴构想。这时广州珠江新城“金碧华府”的空中花园诞生了，这让我兴奋了好一阵子，售楼小姐以为我是买房的，无数次地讲解和看房，我内心便无数次地萌生对她不起的歉意。不行，这种空中大花园只是把阳台或露台放大了而已，这和“院子”——那种开门先进的院子——有天壤之别。为什么不能开门先进阳台式的大花园呢？开门先进大花园不就是开门进院了吗？对，就是这样！我为房地产开发企业提出了户型改造设计的大胆构想——入户花园——在高楼里也要实现“开门进院”的设计创想。我毫无保留地将这一构想在各种行业会议和讲座中分享出来，希望我们有更多的孩子能够像我小时候一样留下“院子”的记忆。

20 多年过去了，这期间出现了“长城脚下的院子”以及“泰禾院子”系列，万科楼盘也有了“骨子里的中国情”和退台花园，我们还在长春首创了“院景商街”。“入户花园”已不是什么新鲜概念了，很多楼房都有了入户花园，有些高楼还尝试着设计出多户合用的空中邻里庭院。在楼房里实现“开门进院”的构想不仅可行，而且并不比想象的困难。结果呢？不无遗憾！很多入户花园被住户封闭起来，变成了室内使用空间，开发商对生产入户花园的户型也渐次丧失了热情。我问了很多好友、邻居，为什么不给孩子留下个“小院”空间呢？北方人说天冷风大，封起来实用；南方人说花费这么大价钱买个“院子”不实在，因为院子和阳台一样要计算建筑面积的。我似乎明白了，是价值改变了生活，是建筑设计规范让我们的院子情结逐渐褪了色，是物质压倒了精神。

我站在窗前，看着妻子在院子里清理鸟笼，“红红”“绿绿”和“小蓝”在欢快地雀跃着，叽叽喳喳地叫个不停。我释怀地宽慰自己，别想太多了，虽然那么多人喜欢高楼，仰望天堂，却也总会有人亲近土地，回归自然，就像总会有人在心灵深处惦记着院子一样。

树魂

园子里最后一棵樱桃树，昨天还是让物业师傅给锯了，只留下了主根和几个枝柱，说是可做花台用。妻子讲了好几次，树老了，不结果还生虫子，还是锯了吧，园子里种菜的空间也会大一些。回到家听说树给锯了，我站在窗前，呆呆的，看了好一阵子，光秃秃的，只剩下树桩，再没了枝叶，它的根还在地下，明年会发芽吗？我仿佛仍期待着什么。

“再见了，我的老伙计，我再不能为你们结出果实，留下根柱，仍能为你们摆设花盆，看到美丽的盆景，你们还会想起我，我也不枉活此生了。”我兀地醒来，知是树在托梦，心里黯然，再不能入寐。树真的有灵魂吗？不然为什么会托梦？佛经里常说凡物皆有灵性，贾平凹有散文集《万物有灵》，把一草一木、一石一鸟都写得活灵活现，哪怕是“丑石”也都能变成宝贝，想必万物真是有灵的。要不然，那么多的“风水先生”又为什么一再强调房屋周围及园内院外，宜种什么花木，不宜种什么树呢？联想起后院一户人家，据说是听了“风水大师”的指点，不仅把自家园子里的树砍光了，园子外面公共绿地的树也都无一幸免，砍完后虽又种了几株小树苗，却与周围早已成熟的植被环境极不谐调，物业看了无奈，邻居也投诉无门。我在想，那些因“风水先生”一句话便被砍了头的大树，还有那些重要文物从广场上被移走了的，它们会不会有冤魂呢？

反正睡不着了，索性起床，查证一下树木到底有没有灵性。生物学家说，植物和动物的基因组有高度相似之处。有人说，人类和香蕉的基因相似度竟高达 60%。植物也是生命，这毋庸置疑。生命的原初都是由微生物演化而来，万物归一，同宗同源，尽管经过 30 多亿年的演化变异，业已呈现出大小不等的千姿百态，但生命之间相互联系的物质本质却并没有发生根本变化。动物能行走，能说话，甚至有大脑，有手足，对外部条件有感知，这些均可一目了然。那么植物呢？我想既然动物和植物在基因上有那么多的相似点，植物对外部环境同样也会有感知吧，只不过这种感知我们不容易用肉眼见到而已。但也并不尽然，一触即变的含羞草，朝着太阳转的向日葵，冬变虫夏变草的滋补极品，就连小孩子也是知道的。由此是否可以断言，植物和动物一样，都是有灵性的呢？我想是的。这种灵性就是万物之间的相互联系，是宇宙万物相互之间的感应与感知。动物相互间的好与坏、安与危、善与恶等，相对容易感知到，其实植物何尝不是？你勤施肥、常剪枝地精心爱护它，它也会像小猫小狗等宠物一样，把美丽和快乐带给你。灵魂的本质是相互之间的联系与感知，是爱与被爱的彼此互动，并不是什么神秘的其他。

诚然，生物中有细菌、病毒，然而人类迄今真正消灭掉的病毒屈指可数，更多的却是增强自身的免疫力而后学会了与病毒共生共度。植物不也是吗？固然存在着有毒植物，有些植物也确实不宜在室内或花园里种植，遗憾的是被那些“风水先生”杀头的植物却都不属于有毒植物。曾有好心邻居大妈跟我说：“小区里种松树不好，柏树也不好。”我问：“为什么？”“风水先生说的。只有坟茔地才种这些。”我费了好大工夫查阅古籍，觉得古人并不忌讳在庭院中或房前屋后种植松柏。白居易有《庭松》诗，讲他自己新买了一处住宅，堂下有十多株松树，“四时多有趣，万木非其侪”，甚至说“即此是益友，岂必交贤才”，非但不嫌弃，还把松树当作胜过贤才的益友；韦庄的《夜景》也有“满庭松桂雨馀天，宋玉秋声韵蜀弦”；冯道之的《山中作》也有“草堂在岩下，卜居聊自适。桂气满阶庭，松阴生枕席”。可知唐代私家庭院里是喜种松树和桂树的。宋代李纲有诗曰：“闲关园日涉，不种红与紫。满庭松桂香，月露浩如洗。”苏轼也有“宝册琼瑶重，新庭松桂香”的诗句，显见得宋代一直未改喜种松桂的习俗。明清时期私家庭院盛行，而松柏则是私家园林植树造景不可或缺的。计成的《园冶》一书可说是私家园林营造法式的集大成典籍，在谈到营园造景时有 7 处提到要用松树，绝无半点忌弃之辞。“风水先生”依据的是什么，我苦思冥想仍不得而知，如果说这是阳宅对阴宅的避忌，而古人讲究的正是阴宅阳宅气理相通，反而不当有此说道的。那么，为什么还有那么多的人信这些“风水”呢？这其中的原因也许很复杂，但有一点是清楚的，人们不会轻易地杀死小猫小狗或其他小动物，他们认为这叫“杀生”，倘或让他们砍掉一棵树，哪怕是一株未成年的小树苗，他们则都会毫无顾虑地举起刀斧的。

不知是什么鸟儿带来了一粒火炬树的种子，在园子里长了一米多高，第二年我们把它移到了公共绿地里，每次散步都去摸摸它，还时常向它问候两句，有三米多高时，忽一日不见了，只留下碗大个树根，再路过那里时妻子每每惋惜不已。在很多人的眼里，树木不是生命，它们不知道痛，砍树不属于“杀生”，大概这株火炬树就是这样牺牲的吧。

有时我傻想，若是树木也能进化出一张嘴会嗷嗷大叫就好了，你砍它，它便哭叫起来，或许人们就心软或害怕便不再砍它了。若是能让更多的人都像保罗·柯艾略笔下的牧羊少年，懂得世界语言，能够与宇宙万物进行灵魂交流，也许人们就能听到树木的声音，把树木也当作生命，人和树也便有了灵魂沟通。事实上树木早已发出了灵魂号叫，只是人们少有在意罢了。暴雨来了即洪涝，雨季过了便干旱，大地涵养不住水源，不正是树木多被砍伐向人类发出的警叫吗？用心去细细听吧，树木也是生命，只要有心是能与它们灵魂互动的。

天色刚好放亮了，我打开窗帘，“红红”见了光，知是新的一天开始了，在笼子里欢快地叫着。看着木木的樱桃树桩，我心想：你不是被“杀头”的，你和人老了一样，属于寿终正寝，留下树桩，写下此文，算是对你的纪念吧。

第三种生活

人类历史就是人类的生活史。生活就像达尔文描绘的“生命树”，从一个小小的芽孢开始，越生长越粗壮，越发展越丰富，越进化越多彩。“生命树”的树冠虽然已经成熟得郁郁葱葱，以至覆盖了整个地球，但所有生命都发源于一个根系，并从一条主干上分长出三条主基脉，这就是动物、植物和微生物。生活的演化也和“生命树”一样，形成了人类自己的“生活树”，这棵生活大树也是越生长越肥硕，越发展越复杂，越进化越不可确定了。“生活树”虽然也已演化得纷纭绚丽、多彩多姿，有狩猎生活、祭祀生活、娱乐生活、宗教生活、家庭生活、军旅生活、政治生活、经济生活、文化生活等，不一而足。但从生活自身的演化而言，“生活树”也和“生命树”一样，从一条主干上分长出三条主枝脉来，这就是第一种生活、第二种生活和第三种生活。

本文憧憬或畅想的是第三种生活。但若想厘清第三种生活的来龙去脉和生活状况，则又不得不先从前两种生活说起。

我们是从什么时候开始可以称为“人”的呢？时间上很难准确断代，甚至于我们“从哪里来”，长期以来也都没有确切定论。于是乎我们很容易就把这一切自然而然地托付给了超自然力的万能神。从亚当、夏娃偷吃禁果的神话故事开始，似乎“人”便清醒过来，开始有了羞涩感和自我意识，而第一次不顺从选择也便成了“人”的第一次自主行为，人类历史以及我们的生活史也便由此起始。也就是说“人”开始区别于其他动物，开始超越动物的自然属性，开始有了自我意识和自主行为时，“人”也就诞生了。既然“人”来自自然，也就很难超越自然，所以“人”又保留了一些动物的自然属性，既自觉、自立于自然，又依赖、融合于自然，既要不断与自然相融，又要努力创新超越。虽然人类的初始阶段还十分脆弱，但人类自觉的思维意识和自主行为，使人类从猎取动物的生活中学会了驯养它们，使它们从自然野生变为人工饲养；同时也使人类在采撷植物果实的生活中学会了种植植物，使它们从散生的自然状态变成了人为种植的粮食和果蔬。这是人类在养殖和种植方面首先获得的生活文明，这种生活虽然自立、自觉地超越于自然，但其本质仍与自然紧密结合，生活的主体和生产资料仍然紧紧相连，劳动即是生活，生活也是劳动，彼此相融，各得其乐，构成了以自给自足为主的生活方式。这种农牧业劳动和人类生存环境紧密联系在一起的生活，是人类依赖自然又超越自然，勇于追求自我自立生活方式的开始。这种生活首先关注的是土地或领地，今天依然延续着，人们常称为农耕生活、游牧生活、村落生活，这里我们称为“第一种生活”。

有了剩余又有了分工，人类慢慢地学会了交换，并从物物交换逐渐培养出一种交换媒介——货币。有了货币之后，人们就可以用这种抽象的物品去换取自己想要的任何东西了。与此同时，为了方便寻找交换对象，久而久之便形成了固定的交换地点和约定俗成的交换时间，今天我们仍能在很多农村看到的“大集”，即是人类最初的“集市”交易形式。部族规模扩大了，出于安全考虑修起了最初的围合墙垣，并在墙垣围起来的内部空间设置了固定的集市；或是在各部落之间的“集市”周围渐渐地集聚了手工匠人和商贾游民，同样是为了安全而在“集市”外围筑起了围墙。这便是城市的雏形。“城”是保护居住者的安全，“市”是方便居民的交易生活。此时的城市居住区和交易场所是独立分开的，居住区叫“里”，买卖交易的固定场所叫“市”。一般较大的城市设有两个“市”，一个在东，一个在西，“买东西”于是也就成了人们买卖消费的代名词。我国的这种城市结构到了中唐以后才逐渐被打破，由于居住人群的消费需要，驱动着商人挑起“货郎担”走进居住区。唐代皇帝姓李，因为避讳把“里”改称“坊”，商人看到里坊的商机，便走出“市”区到街巷坊间开设店铺，至宋代即发展成《清明上河图》展示出来的街市生活。居住区和交易场所由分开的独立空间，现在融合到一起，揭开了城市生活的崭新篇章。[①]然而，这时的城市工商业仍然以一家一户为主，经营模式大都是生活类的手工作坊，直到现代工业兴起之后，人类进入工业时代，才真正开启了现代意义的城市生活。在现代城市中，人口暴增，车水马龙，大型工业企业取代了私人作坊，机器也在很多方面代替了传统工人，人与生产资料已完全分离，企业的所有权与经营权也开始分开，企业的主要目的是赚取利润，生产的物品不是为了自己享用，而是用于销售，并通过销售实现资本增值。资本支配着企业，市场决定着企业命运，因而信息数据格外重要，广告宣传铺天盖地。人们一方面可以自由地选择工作，以发挥自己最大的技能和创造力；另一方面工作在很大程度上是为了挣钱以维持各种生活需要。所有的生活用品都不用自己生产，一切工作换来的报酬都是钱，一切生活用品都用钱来买，经济关系和价值判断都体现在钱上，因而金钱成了激励工作的重要手段和工作的主要目的。企业为了生存和赚取利润必须在市场上竞争，人为了挣更多的钱也必须想方设法提高自己的工作技能和身份地位，进而从“起跑线”开始便把自己一生的生活纳入了竞争的轨道。人们大都离开土地自由地奔向金钱，一边在丰富的物质生活和消费生活中获得了前所未有的满足和自由，一边又不知不觉地成了工作和金钱的奴隶从而异化了这种自由。这种远离青山绿水，既自我又非我，既自由工作又被动行事，学习和工作就是为了挣钱，挣钱的目的就是满足消费欲望的城市生活，姑且称之为“第二种生活”。

“第三种生活”则就有所不同了，它既是城市的又不属于城市，它既是农村的又不同于农村，它是自然的“人”的健康生活。第三种生活更加关注“人”的状态，强调工作与精神的和谐，物质与心灵的融合，环境与灵魂的统一，是人与自然、人与工作、人与物质、人与土地、人与金钱的互联互动的共生生活。在精神和文化层面，第三种生活是对纯物质生活的一种超越，在很大程度上也就是心理学家弗洛姆所说的“精神健全的社会生活”。

---

① 以上可参见拙著《封闭结构的终结》，广西人民出版社，1989。

人从诞生起，便开始了对美好生活的无限憧憬，始终对生活充满希望是人类的一大特性。从柏拉图的《理想国》、莫尔的《乌托邦》，到赫胥黎的《美丽新世界》，从老子“鸡犬之声相闻”的小国寡民，到陶渊明笔下的世外桃源，以及亨利·梭罗创作的《瓦尔登湖》，无不是在探讨人类到底应该如何生存和怎样生活。第三种生活就是在现代社会环境中对人类生存意义的一种思考，它的生活状态远非一篇短文所能概括，但无论形式上多么丰富或内涵上多么深奥，第三种生活至少应具有以下基本特征：

在空间环境方面，它主张与自然相融，既不是传统的村落模式，更不属于城市中的水泥森林，它可能在都市中，也可能在荒野外，但无论在哪里，那里都有大雁飞过划破长空的鸣叫，都有调皮松鼠偷吃窗台坚果的趣事；它的生活环境也许没有稻田麦浪，但一定与其毗邻，且有自己的果蔬芬芳，它是与林木茂盛、水溪静谧、鸟语花香的自然景色融为一体的永远的家乡。

在居住区规模方面，它不以大为美，也不追求谁是第一高楼，它类似于弗洛姆说的小型社会组织，也接近于卡尔索普的新城市主义，邻里结构适宜步行，街坊院落承袭传统，商店、教育、工作、娱乐等功能混合，房屋街道尺度适中，外联交通方便快捷，出则与世界相连，入则无车马之喧；进即繁华都市，退则山林田园；似城非城，似镇非镇。它既传统又现代，若与现代组织机构相合相连，或许更接近于特色城镇或新型社区。

在工作方面，资本为人服务，人不再是资本的奴隶，人与企业也不再是单纯的雇佣关系，而是一种新型的权利关系或合伙关系，企业治理的价值核心是人，是人的广泛参与和决策，而不仅仅是所有权。工作环境与居住区也自成体系，或业态专一，独具特色，或依托繁华，配套连接，进与中心合璧，退则居家办公。或自成区内配套服务，外销自给两相兼顾，目标非唯利润，赚钱适当合理；或有平台快手，网红带货，工作似游戏，游戏亦工作。内心喜欢与正常收入平衡和谐，工作既是自我与创造，又与社会环环相连，工作的目的固然也要挣钱，但更重要的在于自我实现。

在生活方面，区内互助，或依赖于交换，或依赖于自给，邻里相托，彼此友爱。老人有闲暇娱乐之所，可居家互助养老，亦可在照护机构安享晚年；孩童有快乐学校，不分重点学区，更无成绩排名，只有启发天性与心智的知识环境。区内有自助饭堂，清洁安全，沿街有商铺小店，放心方便。步行可达无交通隐患，减少排放无污染负担。区内有运动场地，邻里有院落中心，自家有小园田田。老少闲适各得其所，夫妻放手专心工作。家家快活当下，户户向往未来。

在精神方面，人从机器和资本中解放出来，实实在在有了存在感和自我感。工作和生活自由自在，没有了饥饿的恐惧，不存在失业和返贫的担忧，也没人担心生老病死的家庭负累。工作不是目的，目的在于爱好、乐趣与技能的实现；赚钱和消费更不是目的，它仅仅是自我实现的一种条件。工作和生活有了更多的自由，让人的自我存在感更加丰满，但邻里之间相互依赖的和谐生活，又会扼制这种自我感的个人主义膨胀，从而使每个人都懂得尊重他人的各自存在。人与人、人与工作、人与自然相依相融，既融入群体又各自独立，“我心有你，你心有我”，就像每一幅艺术作品一样，既彰显了超越性的自我，又一同成就了共同的价值方向。人人阳光，户户和睦，即便没有大富大贵，也都彼此心安，健康地生活在自己的幸福感和精神世界之中。

美好生活既是现实又是彩虹，既是存在也是理想。任何对美好生活的向往都带有理想色彩，生活的逻辑就是对美好生活永远充满着憧憬和希望。本文对“第三种生活”所畅想的美好愿景，很大程度上受启发于弗洛姆“精神健康”的心理学分析。他在《健全的社会》一书中对精神健康的社会提出了系统的设想，不妨摘录其中一段文字，供读者自己品鉴。

> 现代人努力的目标就是创造一个精神健全的社会。更具体地说来，这意味着这样一种社会：每个成员的理性都得到了发展，能客观地看待自己、他人和自然，看到这些的本来面目，而不是被孩子气的狂妄或偏执的怨恨歪曲了的图景。这意味着这样一种社会：每个成员的独立性得到发展，知道善与恶的区别，能够自己做出选择，有信念

而不仅仅是意见，有信仰而非迷信或模糊的希望。这意味着这样一种社会：每个成员都能够去爱自己的孩子，爱邻居，爱一切人，爱自己，爱自然界的一切；每个成员都能够感到与万物合一，却又不失掉其个性和完整性；每个成员都能用创造而不是用毁灭来超越自然。[①]

① 艾里希·弗洛姆是20世纪著名的心理学家，他对社会主义理论给予了高度评价。以上文字见《健全的社会》，上海译文出版社出版，第306页。他在《逃避自由》一书中也有类似的表述，可一并参看。

小院花鸟情

本文是我们一家三口对小院生活的杂文汇总，十岁的孩子虽然笔法有些稚嫩，字里行间却无处不流淌着童真乐趣；孩子妈妈酷爱汪曾祺散文，行文运笔也就免不了带上些生活主义的汪体味道。女人对自然的情感往往比男人纯真，这种感性风格常常是理性男人学也学不来的。分篇题目我在收录时做了统一改编，内容和文字均保留了各篇的原貌。

喜鹊散曲

乐章一：救助受伤喜鹊

我家邻居有一位画家，叫纪晓萍，她有点微胖，留着齐耳卷发，喜穿素色，看外表很普通，可她很善良，很有爱心，她的画多以人与动物和谐共生为主题，她画的动物十分传神、优雅、宁静，下面便是我们和纪阿姨以及喜鹊的故事。

在一个生机勃勃的春天——树上的小鸟活蹦乱跳，小区里的水池重被注入了清水养上鱼的春天。纪阿姨在外面散步，当她走得正欢快时，突然看见不远处的小树林的地上有一团黑白相间的东西，好像是小鸟，她本能地冲过去，原来是只受伤的喜鹊，她立刻用手帕包住它，捧着喜鹊回了家。

纪阿姨给那只喜鹊起了个名字叫老胖，她家和我家一样，一楼都有个小院子。经过检查，老胖的一条腿受伤了，纪阿姨和刘叔叔精心地照顾着老胖，他们在园子里给老胖搭了个非常漂亮的鸟窝，刷过漆的木头被擦得亮亮的，笼子顶上整齐地铺着防水瓦片，笼子里面垫着软海绵，还有两个分别装着水和食物的大碗，不仅吃的和睡的地方一应俱全，他们还给老胖准备了一根不粗不细的树枝，搭在笼子中间，老胖可以在枝上玩耍、发呆、远眺，那笼子让我都感到羡慕了，简直就是个花园别墅呀！

老胖整天唱歌舞蹈，饿了就吃专门为它准备的美食：鸟粮、面包虫、肉，渴了就喝水，日子过得悠然自得。纪阿姨的园子里从此就开始热闹起来，五点钟老胖就起床了，开始嘎嘎地鸟语，有时还开心地吹着口哨，它的腿虽然还不太利索，但可以勉强在园子里蹦蹦跳跳，园子里种的蔬菜从不打农药，老胖发现菜叶上有小虫，馋得直流口水，瞅准一只小虫，用它尖尖的喙一啄，虫子就成了老胖的点心，过了一段时间，园子里的虫子都被老胖给吃光了。太阳好的时候，阿姨还会给老胖在地上准备一盆洗澡水，老胖在它的专用澡盆里扑扇着翅膀，阿姨和叔叔在一边快乐地看着。老胖的生物钟很准，晚上六点准时睡觉，时间长了，他们也习惯了老胖的习性，在他们精心照料下，老胖的腿完全恢复了健康。

纪阿姨和叔叔早就想好了，等老胖恢复健康就把它放归自然，所以在一个阳光明媚的早晨，阿姨和叔叔打开了鸟笼的门，老胖飞了出去，它先是飞到了篱笆上，然后回头看了他们几眼便飞走了，他们望着老胖越飞越远的背影，眼里流出了幸福的泪水。

令人惊喜的事发生啦，刚过两天，他们就发现老胖竟然站在花园的小树上摆弄着尾巴，哇！老胖回家啦！之后老胖就把纪阿姨家当成了自己家，每天出去玩，晚上就回家。

乐章二：喜鹊宝宝出生

有一天，老胖回家后，坐在窝里一动不动，不久后又看了看窝，一扭头飞走了。纪阿姨和叔叔走过去一看，哇！里面有五个白底带黑点的小喜鹊蛋。过了两天，他们悄悄地观察，五个喜鹊蛋还静静地躺在窝里，老胖却无影无踪，唉！这个爱玩的妈妈，怎么不回来孵蛋呢？他们焦急地等着老胖回来，可老胖就是不着家，怎么办？怎么办？他们想来想去，突然，灵光一闪，酸奶机是恒温的，应该可以代替喜鹊妈妈的体温，无论如何得试一试。于是他们决定人工孵蛋，把五个宝贝蛋放进了酸奶机，天天守在机器边，观察着、期待着，他们俩轮流值班，两个人都累瘦了。功夫不负有心人，终于在十八天以后，五只可爱的喜鹊宝宝出生啦！

刚出生的鸟宝宝并不好看，身子红红的，羽毛还没长出来，细小的脚还支撑不住身体，整日里张亮着嫩黄的小嘴，叽叽喳喳地要东西吃，每隔一个小时，纪阿姨和叔叔就得用针管给喜鹊宝宝们吃蛋黄和喂水，小喜鹊们在他们的精心照料下，能吃能睡，茁壮成长着，渐渐地它们长得和老胖一样强壮了。

纪阿姨给五个宝宝分别起了名：大胖、二胖、三胖、四胖、五胖，并给他们定制了五种不同颜色的脚环，它们长大后谁是谁，一看脚环就清楚啦！

乐章三：喜鹊进我家门

纪阿姨得知我特别喜欢小动物，经过和叔叔商量，他们把三胖和五胖送给了我，我简直太开心啦！我们家也有喜鹊啦！

胖胖们在我家住得很开心，短短十多天，它们就一天一个样，体格越来越强壮，它们太能吃了，每次我给它们喂鸟粮，它们都上来抢，这只刚吃几口，那只就啄它几下来抢食儿，你踢我，我啄你，你挤我，我推你，你吃了我偏也得吃，不吃不行，全然不顾“兄弟之情”，每次喂水，我都得准备两只针管同时喂，要不两兄弟肯定打架。等它们又长大了一些后，我干脆给三胖和五胖准备了一个大食盆，里面放着鸟粮，混合着揉碎的熟鸡蛋黄，放完食后，每隔四五个小时，它们准把食盆里的食吃得精光，连点渣都不剩。

我经常会打开笼子让三胖和五胖在家里飞一会儿，它们和我很亲，经常飞到我的头上或肩膀上休息玩耍，妈妈还给我抓拍了一张三胖站在我头上的照片，这张珍贵照片将成为我童年最美好的一份回忆。

乐章四：五胖越狱

两只胖子喜鹊来到我家以后，给我们增添了很多欢乐，它们在我的精心照料下一天天地长大了，大自然的精灵骨子里都是热爱自然的，我家也有一个美丽的小院，所以我们决定把鸟笼放到园子里，让它们感受自然的气息，当然等它们完全会照顾自己时，我们也会把它们放生。

我正在院子里给喜鹊换食儿，鸟笼的门开得有点大，五胖趁我不注意，一下子飞了出来落在鸟笼顶上，我马上想抓住它，但是五胖机灵得很，它忽地一下飞到了院子边的核桃树上，我赶紧回家叫爸爸妈妈，妈妈搬来了一把梯子，爸爸爬到梯子上踮着脚去抓五胖，只差那么一点点就要够着了，五胖悠然自得地站在树枝上，仿佛在说："来呀，来抓我呀！嘿嘿，你们抓不到！"果然，树枝太高了，爸爸怎么抓也抓不到，我恨不得插上翅膀，飞起来去抓五胖！它还没有成年，不具备独立生存的能力，在外面会不会被野猫袭击，会不会挨饿受冻？五胖好像有点担心我们去抓它，歪歪扭扭地飞向了小区中心的小树林，小树林里的树木长得又高又密，要想通过梯子抓住它比登天还难。

我们马上赶到了小树林，五胖停在一株火炬树的最高处，妈妈想了一个办法，我们在树下叫呀、喊呀："五胖，回来！"可是五胖不理不睬，安静地梳理着油亮的羽毛，丝毫没有要下来的意思。

看到这个办法不行，爸爸也想了一个办法，从家里把装着三胖的鸟笼提到了小树林，想用兄弟情来感动五胖，可是它依然爱理不理，站在枝头好像是尊雕像。

要不是担心五胖的安危，我早就不管了。爸爸又心生一计，一米八的壮汉爸爸抱着火炬树的树干猛摇，想把五胖给摇下来，可是爸爸累得满头大汗，树叶纷纷飘落，树枝上的五胖被摇得东倒西歪，可它还是紧紧地抓着树枝，稳如泰山。

我们只好使出终极绝招了，我回家找到了两把小时候玩的长水枪，飞奔到小区人工湖边，从湖里吸满了水，冲到小树林，瞄准五胖，连续射击！五胖瞬间变成了落汤鸡，可是！可是！它还是没有下来。折腾了一天，我们全家都精疲力尽！

我们只好向纪阿姨和刘叔叔求助，经过仔细观察，他们想出了办法，他们回家拿来了两只不会飞的喜鹊宝宝（小区里每年春天都会有少数刚出生的喜鹊宝宝从窝里不小心掉下来，它们的命运多是被野猫给吃掉，自从救助过老胖以后，纪阿姨夫妇每年都会救助这些小生命，养大后再放生）当着五胖的面，开始给小宝宝们喂食喂水，五胖也饿了一天了，见此情景，它馋得直流口水，于是它慢慢地从树上滑了下来，叔叔一把抓住了五胖并把它还给了我们。

五胖和三胖终于团圆了，我们和叔叔阿姨都如释重负，高兴地各自回了家。

尾声：放飞

在三胖和五胖能照顾好自己以后，我便把它们放生了，虽然有些依依不舍，但我知道，它们应该自由，我们不可以剥夺它们享受大自然的权利。

现在，两只喜鹊还会时不时地在我家园子的篱笆上放声歌唱，而房子前面的那片树林，仿佛就成了它们的园子，它们的领地。

两年多过去了，三胖和五胖又有了新的家庭成员，它们和我一起，始终守望着这片家园，这片领地，一起快乐地生活着。

（本篇原是林真好 8 岁时的习作，10 岁时她又重新修改过）

绿鸟回家

我和爸爸一起买来两只虎皮鹦鹉，一只叫小蓝，另一只叫小绿。没承想这两只鹦鹉给我带来的麻烦可真不少。

春天来了，小草绿了，丁香树结满了花苞，小区里的溪流被重新注入了水，开始流淌，为了让小绿和小蓝开心一点，我把鸟笼挂到了花园的樱桃树上。谁知“好心没好报”，被挂出去的鸟儿让我多了大约一倍的麻烦，放学后，妈妈告诉我，小蓝和小绿“逃之夭夭”了。以前我养过喜鹊，是它们让我知道了如何抓住逃走的鸟，我在小碗里放好鸟粮，把碗安置在菜地上。

过了一天，也没看见它们回来，方法一无效！

我又心生一计，把笼子门打开，挂在原来的位置上，希望它们能自己飞回来，方法二也无效。我好伤心，但我还是把笼子挂着，食物摆着，盼望着。

周末了，我正在家上英语课（一对一，老师来家上课），突然，老师对我说："看窗子外面，鸟！"

我瞅了瞅，看到一群麻雀，对老师说："麻雀啊，它们经常来。""不是的！看到了吗？那只绿色的鸟！"莫非是小绿？天哪！我看见了，漂亮的小绿正停在我房间外的纱窗上，下一秒，我急忙跑出房间去叫爸爸妈妈。

爸爸妈妈也很激动，马上到园子里去抓小绿，小绿怕人，当然，性急也会咬人。它看到爸爸妈妈，向后跳了一步，但并没有要逃走的意思。

爸爸妈妈最后是用一片生菜叶子作诱饵，忽地出手抓住了小绿。

小蓝没有回来，我们很伤心。

不过小绿回来了，还是很欣慰的。

我们对着小绿看了一会儿，小绿用大眼睛看着我们，仿佛在说："我知道这是我的家，不怪我呀，我只是想出去转一圈。"

怕小绿孤单，一周后我们又给小绿配了一只小蓝鸟。

小绿逃跑的事，共发生了四次，有三次都是自己回来走进鸟笼的。现在我们把笼子门打开，让小绿自由进出，新来的小蓝鸟暂时养在另一只笼子里，笼子紧挨着，让它们先熟悉之后，再住到一起。

没有回来的小蓝一只脚是有残疾的，它在外面还活着吗？新来的小蓝出奇的安静，像尊佛，羽毛十分艳丽。可我还是喜欢小绿多一些，因为它心里有我，会飞回我的窗前看我写作业。

我忽然想，喜欢不喜欢看来是相互的，我要对新来的小蓝也好一点，说不准儿它也会像小绿一样和我一起玩的。

（本篇是林真好小学六年级的作文，收录时个别字句略有改动）

鹦鹉孵殇

人有人性，鸟有鸟性。小绿活泼得像个小姑娘，欢快地叽叽喳喳没个停歇的时候；小蓝则像个老佛爷，凡事稳稳当当，不慌不忙。它俩在一起生活，小蓝处处让着小绿，开始还很和谐，没多久问题就出现了。吃食，小绿优先，小蓝不争；饮水，小绿抢先，小蓝争不上。好玩的秋千，小绿占着，小蓝只能看着；别墅式小屋，小绿可常住，小蓝却很少进出。开始以为小蓝是后来者，有入赘感，让一让也很正常，毕竟寄人篱下。可久了便觉得不对劲儿，越是让着，小绿越像个鸟后，颐指气使，上蹿下跳，小蓝的善良和谦让非但没换来小绿的友好，反而招致百般的欺压。看来鸟也一样，和善过头就成了软弱，不能平等相向，忍让也便成了屈辱。日来月久，小蓝开始消瘦，像是抑郁了，甚至有些呆滞。妻子发现情况不妙，便把小蓝送给了画家纪晓萍。

画家善良，她养的鸟也都温和友善，小蓝到了她家，跟别的同类很快就融合到一起，眼睛里重又有了神气和光亮。鸟和人一样，都要有合适的环境，更要有“对撇子”的对象。没多久，小蓝即有了心爱的伴侣，还孵出五只可爱的小宝宝。纪老师说，小蓝是最负责的父亲了，它跟妻子一起轮流孵宝宝，还特别殷勤地给妻子喂食，五只宝宝中，还有一只极像父亲的小“小蓝”，一样的谦逊，一样的安静，有时一个上午竟在原地一动不动。基因的遗传力量，在鸟身上竟也如此强大。

且说小绿，小蓝走后它没了欺负的对象，也略有些失落感，但第二天又和往日一样神气起来了。它独处没几天，隔壁邻居便送来了一只红嘴鹦鹉，说是不知从哪儿自己飞来的，不怕人，跟人很是友好。因为色彩原因，我们称它为小红。起初还特别担心，小红和小绿不是一个品种，不知能否生活在一起。试着放到一起后，所有的担心都多余了，它俩虽然一个是虎皮鹦鹉，一个是红嘴鹦鹉，但身材大小相同，性格脾气更是如同兄妹，你跳我也跟着跳，我起舞它也翩翩飞翔，一起吃食，一起歌唱，好得就像是热恋的情人。忽一日不见了小绿，只有小红自己在笼子里叫着，等了半天仍不见小绿的影子。妻子正想看个究竟，小绿却从巢居的别墅窗口露出了小脑袋，小红立马飞了过去，用力地点了几下头，便把自己嘴里的食物喂给了小绿。哇！小绿要当妈妈了。妻子打开小窗偷看了一眼，发现有三只蛋。从此日复一日，小红尽心地喂着小绿。十天、二十天过去了，仍不闻有小鸟出生。只见小绿又从别墅巢居中走出，与小红亲嘴、交尾更显得亲热了。过了两天，别墅里又多了两枚蛋。小红依然尽心尽力地喂着小绿，小绿则一心一意地孵化着自己的宝贝。五天、十天、十五天、二十天……一天天过去了，仍不见小鸟破壳出世。直到一天傍晚，妻子发现小绿有气无力地趴在笼子里，目光黯然但仍盯着别墅巢居。她马上把我叫来，我心里明白，恐怕不是好兆头，嘴里却在安慰妻子："小绿累了，歇一晚就好了。"

妻子平时不早起，第二天大清早便把我叫醒了，我蒙眬着眼一看，妻子泪流满面，泣不成声地说："小绿死了。"我来到鸟笼前，小绿依然张着翅膀，像是仍在守孵着它的宝贝，却是一动不动了。妻子找来一个漂亮的盒子，我把小绿取出，它已没了体重，轻飘飘的只是一团羽毛了。我轻轻地把它安放在盒子里，葬在园子里的玉兰树下，安慰妻子说："小绿累了，它已尽到自己的责任，虽然它始终没能成为母亲。"

转年玉兰花又开了，妻子剪下一枝插到茶台上，我们又聊起了小绿。后来才知道，红嘴鹦鹉和虎皮鹦鹉是不同种属，跨界种属是不能生育的。原来小绿一心想证明自己能够成为母亲，却又配错了对象。看来只是喜欢和性情相投是不够的，不是同类同属，同样不能获得新生。

（本篇作者：林立平）

小池趣事

十几年前，新居装修，特意在花园里挖出一方水池，置假山一座，溪流若干米，树木三五株。年头多了，水循环系统早已失灵，小水池里自然蓄积了雨水、雪水、露水，混合在一处。常见一些普通或奇异的生物光临小池，小区里的野猫，每天轻车熟路，跳过栏杆，喝够了水，便躺在亭台地板上舒服地晒太阳。喜鹊是成群结队地来，先飞栖在樱桃树枝上，环顾四周，不见危险，便落在石头上饮水，心情大好时，还会振翅戏水洗个澡，临走发现妈妈晒在石桌上的一盘大花生，惊喜万分，呼朋唤友，洗劫一空。一群胖乎乎的长着翡翠色翅膀的山雀们飞来了，它们唱着歌，聊着天，栖枝，饮水，排队洗澡，不亦乐乎。还有一群小小的鸟，我怀疑是蜂鸟吗？秀美异常。另有惊蛰过后羽化的第一只小蛾，它们温柔地享受着小池带给它们的润泽。静寂的庭院，有这些可爱的不速之客，变得可爱活泼起来。

起初每年三月，选一个阳光明媚的日子，请胡师傅把水池清洗干净，灌上一池清水，放几尾鱼，收拾好庭院的落叶，剪剪樱桃树与桃树的枝子，便静待春天的暖阳了。小区中心的湖水深秋时已被物业收拾得干干净净，只留下平整的地面，在那些大池子被注水之前，家院的小池便成了小动物朋友的水源地。福娃（林真好小名）儿时天天都在园子里玩耍，跑来跑去，不小心掉在小池中，水不算深，不存在危险，姥爷见状还是立马把娃提起来，爷孙两相对哈哈大笑，这桩往事成了娃的一桩童年趣事。不知从何处来了两只蟾蜍到小池中安家，他们虽然长得难看，可是对环境的要求非常高，以害虫为食。我们当然非常欢迎新来的小客人，在它们搬来的那个夏天，池水里多了一串串的卵，没过多久，成千上万的小蝌蚪在小池中活泼地游动，池水给了它们一个安全的港湾，它们快乐地游着。福娃蹲在水边观察着这些小生命，观察它们是怎样渐渐地长出四条腿，长大后它们是如何跳上了岸，渐渐消失在草丛中的。正可谓“半亩方塘一鉴开，天光云影共徘徊，问渠哪得清如许？为有源头活水来”。

（本篇作者：徐照环）

确幸花季

小园生活给福娃童年抹上了不少的色彩。

初春，阳光好的日子里，福娃时常跑到小园中玩耍，用柔嫩的小手指着不知何时钻出土地的紫色野花，她兴奋地观察着，开心不已，感受着春天渐渐醒来的大自然的节奏。

在福娃出生那年，我们在园外种的三株玉兰树渐次地开花了，洁白与胭脂红渐变的花瓣是如此的美丽与纯洁，我带着福娃剪下一枝造型优雅的玉兰花，回家后把它插在了青翠色的花瓶里，摆在了红木茶台的一角。西南角的桃花也开了，隔壁九十多岁的朱奶奶被桃花的美吸引了，拄着拐棍和我家的桃花合影，朱奶奶笑得比桃花还灿烂。

从四月直到十月，家中花瓶里的鲜花随着园子里的花开丰富且热闹起来，古人讲究岁朝清供，我家可谓日朝清供了。玉兰花期一过，藕荷色的丁香便粉墨登场，特别是夜晚时分，站在园内，不时传来的阵阵幽香沁人心脾。四月的丁香刚刚唱罢，五月园中绛紫色的百合花盛开了，画家闺密纪晓萍来园中做客，我们坐在亭中倚栏赏花，她欢喜不已，说这种百合颜色好高贵，我挖了几棵送给她，画家的花园又丰富了一种色彩。

五月的阳光正好，在小亭台铺上野餐布，把福娃的玩具们往上一撒，和娃坐在上面玩起了过家家，和煦的阳光晒得人舒舒服服的，玩一上午身体微微出了一层毛毛汗，感觉刚刚好。闲时给娃烤些点心，放在精致的盘中，配上浓纯的鲜榨果汁，在花园的木头桌上斜铺一方蜡染的方巾，小小的仪式感，让娃爱极了小园的阳光下午茶。

百合的花期一过，六月绣球花紧接着热热闹闹地开放了，绣球花的形状如同小伞一般，刚发出来时是嫩绿色的，不知哪天就被初夏的风儿给吹红了，一簇簇的，美到不可方物。偶尔去朋友家做客，我便去园中剪上一枝带着夏露的绣球花，裹上报纸捧在手中作为伴手礼，朋友在接过鲜花一刻的那种快乐，让我感受到送人玫瑰手有余香的幸福！

百日菊也是开在盛夏的，越是烈日炎炎，开得越是灿烂！一日，我在家中品茶，无意中向花园望去，一只美丽的黑底橙色花纹的蝴蝶正在百日菊的花丛中翩翩起舞，立刻去喊老公和福娃，我们一边欣赏一边拿起手机给这只蝴蝶留下了倩影。小园就是如此，时常给我们惊喜，客厅的窗正对着小园，窗框有如画框，园中四季变换的景色就是自然送给我们的神奇画卷，很多奇特的鸟儿都光临到小花园里喝水嬉戏：有带着一圈围脖的斑鸠，还有一对八哥夫妇，一群灰中带黄的小山雀，还有一些我们都叫不出名字的美丽鸟儿也来凑个热闹。

六月园中的黄灯樱桃熟了，因为有机肥施得及时，樱桃又大又甜，叫上三五好友，边烧烤边品樱桃，和着夏日的微风饮上两杯啤酒，惬意得不知是风还是酒了！

六月的金银花能一直开到深秋，它们攀附在东边的篱笆上形成了一道绿墙，摘一些泡水，特殊的花香非但不输给茶，还能清火消炎预防流感。南边的篱笆上爬满了嫣红的蔷薇，丰富了我六月的花瓶。闫姐姐送的薄荷草也发了很多，摘上芽尖，既可做凉茶，还可用来炒嫩牛肉。

蜜蜂们不知从何处得知了花期，从园子的第一朵花儿绽放直到深秋，时常看到它们小小而忙碌的身影，嘘，千万不要去打扰它们哟。六月蝈蝈开始唱歌，夏蝉也开始鸣叫，捉两只蝈蝈放在精致的红木蝈笼中，每天给它俩喂一片菜叶成了福娃最快乐的事。时常有蝉飞到园子里来，福娃请爸爸帮忙捉来观赏，照着画着，稚嫩的画笔画出了福娃的七彩童年，画完便把它们放生了。

福娃发现两只一元硬币大小的蜘蛛不知何时相中了小园，在园中的东、西两个角落安家落户，它们每天辛勤地劳作着，织好八卦阵坐等猎物上门，它们真是大自然中的超级建筑师，织的网即美观又实用，还可帮我们捕捉讨厌的蚊虫。

初秋，柿子树开始结果，果实渐渐地由绿变橙红，鸟儿们很聪明，发现哪个先成熟就去啄哪个。它们才能吃多少呀，尽情地吃吧鸟儿们，我们请客！即便如此每年我们也能收获很多柿子，摘柿子时，我们会留一些在树上给鸟儿吃，摘回家的柿子和苹果放在一起，很快就软了，晶莹剔透的柿子放在一只纯白瓷盘上，用银勺挖着吃，生活中的小小仪式感充满了小确幸。

树上的核桃成熟了，噼里啪啦往下掉，在重力的作用下，核桃掉在地上后，外面那层厚厚的绿壳直接摔开了，露出浅黄色的核桃壳，我每天都会挎着小篮子在院子里捡核桃，新核桃很鲜嫩，核肉的外皮是可以用手撕开的，果实纯白，带着微甜。记得朋友夫妇来我家喝茶，我献出刚捡的鲜核桃给他们吃，城市里很少能吃到鲜核桃，他们越吃越香，竟然吃完了整整一小筐。

银杏树叶黄了，树叶在蓝天的映衬下越发显得金灿灿的，像凡·高的画般色彩鲜明，五胖（我家养过的喜鹊）的窝就建在银杏树上，它在那里生儿育女。树叶掉落后，福娃会去捡一些做书签，这是大自然送给她的秋天礼物。而我会带着厚厚的手套去树下收集一大堆银杏果，搓完上面臭臭的皮，清洗干净，把牙色的银杏果们冻在冰箱里，偶尔想起，取出一小把放在烤箱里烤十五分钟，放在粗陶碗中，烫烫地剥壳，果肉是半透明状的碧绿，放入口中微苦带香。银杏果滋阴养颜，祛痰止咳，但有小毒不宜多吃。

深秋，当植物们都纷纷掉落枝叶开始收敛之时，酱紫色的秋菊迎着秋霜开始绽放，直到冬天的第一场雪悄悄落下，我的花瓶中一直有清瘦的秋菊点缀着，初雪中我用花剪剪下那些尚在枝头的秋菊，一簇簇养在花瓶中向美丽秋天暂别。

入冬了，收拾好园中落叶，放好各式农具花具，期待着一场像样的大雪。大雪很快如期而至，雪花纷纷扬扬地飘落，眨眼间小园就变成银装素裹的世界。福娃放学了，拿着雪球夹子，冲到园子里，咯吱咯吱地踩着雪，在雪地里留下一串串脚印，用雪球夹子夹了无数个小雪球和我们一起打雪仗，玩累了就把两个小雪球放在一起安上豆子眼睛变成一个个小雪人……我心里默念着“忽如一夜春风来，千树万树梨花开”，期盼着下一个春天的来临！

今年的春天，我又在小园中种下了木槿、牡丹、芍药、铁线莲、铃兰、郁金香、迷迭香、紫苏等花草，种下后便把它们交给大自然和时间，盼望着、期待着……

神奇的自然给了福娃一个幸福的童年，小小花园仍在砥砺着她的少年时光，园中一年一年如同水墨画似的四季更迭，不断丰富着孩子的心灵底色。山水田园生活对孩子童年是多么的可贵！城市里的一方小园，让我们真正有了生活感，人类本身也是大自然的一部分，对自然的热爱是生命中与生俱来的，希望人人都能拥有现实或心灵上的一方美丽田园。

（本篇作者：徐照环）

鸟葬

一阵刨土的声音，小女孩儿站在爸爸身边，看着爸爸用铁锹挖出一个小坑。天是阴暗地，风呼呼地吹着，卷起残叶，在空中打转。女孩儿的脑子里，空洞洞地，回响着刚刚听过的，最令人心痛的惨叫声。

是的，就在刚刚，就在这个灰色的上午，在女孩儿写作业的时候，在屋子里播放着圆舞曲的时候，这个声音越发大了。女孩儿顺着声音向窗外望去，在一个蓝色的硬纸板上有两团灰灰的东西在动。

我要去看看，女孩儿在心里说。她放下了笔，走到窗前仔细凝望着。也就是那么一瞬间，她不淡定了，那是两只鸟。是的，家里的园子有老鼠，那个蓝色的东西是粘鼠板，却把鸟粘住了。女孩心里想，我要去救它们。

她飞快地跑出屋子，叫上了正在看书的爸爸。两个人一起到了园子里，粘鼠板上果然有两只鸟，是两只小山雀。一只快要死了，头朝下扑在粘鼠板上，羽毛凌乱地张着，东一把西一把的绒毛乱蓬蓬地，被风吹着，打着卷儿飘在空中，和灰蒙蒙的天融为一体，飘远了。另一只已经被粘掉了双脚，腹部的羽毛已经脱落了，还在徒劳地叫着，试图挣脱粘胶。

爸爸和女孩儿试图把小山雀救下来，可是无论怎么努力也无济于事。爸爸用剪刀剪去了粘在一起的羽毛，绝望地说："不行，没救了。"

女孩儿和爸爸不忍看下去，回到屋子里，让小山雀自己离开这个世界吧。她的心里是痛的，回响着刚刚小山雀在他们靠近时发出的绝望而又恐惧的叫声。

人，有时候为了自己方便，不会去考虑他人的感受的，不会去想太多的。动物在人眼中，不过是可有可无的摆设罢了。女孩儿想着，拉上窗帘，坐下写着作业。

但她还是忍不住偷偷瞄了瞄窗外，她看到了什么？两只小山雀徒劳地、不停地挣扎着，几根羽毛落在地上，被风呼呼地吹着，卷入了灰色的天空。

她又和爸爸出了屋子，走到小山雀前。她的心里空空的，爸爸的手中拿着铁锹，两只山雀似乎预感到了后果，凄厉地叫着、扑腾着，但仍是徒劳的。

地上多了一个土坑，叫声渐渐小了，不一会儿，土坑消失了，只有地上的几根羽毛在风中飘曳着。

女孩儿回到房间。为什么人有时不会考虑后果呢？为什么不会考虑可能带来的灾难呢？难道，动物在他们眼里真的是可有可无的摆设，或只是没有生命的东西？女孩儿想。

想着想着，一旁就出现了一个纸巾堆成的小山，向那个已经填平的土坑凝望着。

那个女孩儿，就是我。

（大连市五四路小学六年级三班　林真好）

附：生命与爱

这是2020年春季的某天上午，我和林真好小朋友模仿着“黛玉葬花”，举行了一次“鸟葬”。两只小山雀被园子里的粘鼠板给粘住了，无论它们怎么扑腾都无法逃脱，只好挖个坑把它们葬在了树下。没太多仪式，我以为这事儿就算过去了。

没想到林真好回到屋里，以此为题立马写了一篇作文，题目原是“假如人是罪恶的”，觉得有点大，也过于哲理化了，便改成了“鸟葬”。我看了，心里有些不是滋味，嘴上却一个劲儿地夸她写得好。粘鼠板是妈妈放的，林真好说什么也不让妈妈看，怕妈妈伤心，在妈妈的坚持下，还是给她看了。妈妈看着看着，眼泪便流了下来。妈妈把文章发给了纪晓萍，纪女士是林真好的绘画老师，她看了后也哭了起来。纪老师家的小花园就像是个小动物园，她画的动物，眼神里都藏着爱，我家花园里的小山雀牺牲了，她心里的伤痛可想而知。

孩子们对小小生命的关爱远非大人可比，而大人心中有爱，才能感受到孩子心中对生命的珍爱。

心中有爱才能珍爱生命，有爱才能感知爱，这就是爱的逻辑。

爱，也是一种共情，它不仅体现在人与人之间，也体现在人与动物、人与自然、人与其他生命之间。这种珍爱生命的共情，也正是一种共生之爱。

爱的逻辑也是生活的逻辑，而生活是需要引导的。我小时候常常爬到树上掏鸟蛋，有时还自己做弹弓去打鸟，尽管基本上是“弹弹虚发”，可是偶尔打中了，竟也高兴得蹦高蹦高的。那时没人告诉我不能打鸟，也没人给我讲人与自然的关系。今天看到林真好小朋友如此珍爱小鸟、热爱生命，真让我打从心底里为之高兴，一代人有一代人的情感，而这情感是生活带给我们的，时代进步了，生活也确实发生了变化。

这篇作文并未得到高分，原来老师要求必须是用第一人称写的。未按要求写，当然不能给满分。妈妈嘟囔着，非要让林真好把这篇作文改为第一人称，林真好坚决不改，说是改成第一人称味道就不一样了，还大声吼了一句：“我爱我师，但我更爱真理。”吃饭时我说：“这篇文章写得确实不错，可以不改，不过其中的错别字得改，你把‘徒劳’写成了‘途劳’，这得改。我建议这篇文章保留不变，再找个题目另写一篇怎么样？”

结果林真好高高兴兴地又写了一篇，第一人称的，且得了高分。事后我跟她妈说：“这件事我们要总结一下，可以作为教育案例的，孩子长大了，有自己的想法，要学会尊重，好的要鼓励，切不可抹杀了。”她半天无语，最后用很小的声音说：“知道了。”

我想，尊重孩子的心灵和创意，就像尊重小鸟的生命一样，也是爱的逻辑。

不需要净土

在二十五楼露台的砖缝里，不知何时，长出一株小花。

花茎上有七八片叶子，那是翠绿色的叶子，小小的，一边宽一边窄，可以清晰地看见叶脉，叶脉比叶子的颜色深，一根主脉，几根副脉，副脉上又有许多小脉，向不同方向伸展着，如同人的血管。

花茎顶端，开着两朵小花，都是小黄花，五片花瓣向外伸展开来，略显羞涩，却又落落大方，比柠檬黄浅一点的花瓣十分可爱，迎着阳光，开放着，微笑着。

它努力把根往土不多的砖缝里伸展，努力挺直着身躯，沐浴着阳光，怒放在二十五层露台的砖缝中。

晚上，下起雨了，虽然雨不大，但我还是担心那株毫无遮挡的小花会被雨水冲走，它是多么不容易呀！

青草地

不需要净土

有只蜗牛想识字

第二天早上，我到露台上看那株小花，谁知，小花经过雨一冲刷，反而更加美丽了，叶片上还留着水珠，水珠反射着光，晶亮晶亮的，可爱极了，这时从房檐上滴下一滴水，正好落到它的叶子上，与之前水珠恰巧汇合，叶片上的水珠变得更大了，随即，叶子向下弯去，抖落了水珠，又重新直起。

是呀！那株小花，不需要净土，在二十五楼的露台上，土不多的砖缝里，也能如此顽强地生长，那我们在生活和学习中还有什么困难值得抱怨呢？

（五四路小学五年级三班　林真好）

附：艺术的哲理

2019年暑假，我们一家人回旅顺海边住了几天，那时林真好小朋友还未满11岁。我们住在25层高的楼顶层，露台的砖缝里居然长出了一株小草花，一家人围着它惊讶了好一阵子。没想到林真好小朋友还挺有心的，第二天她就写下了《不需要净土》这篇短文。作为暑假作业，刘艳老师给了个“A–”，没给满分，为此林真好小朋友还略有些想不通，她自己对这篇文章还是满得意的。更没想到的是，刘老师把这篇并没得到满分的作文推荐给了校刊，在《金色童年》总第30期上发表了，当林真好小朋友把校刊拿回家时，一家人争抢着读了好几遍，又是高兴了好一阵子。这时我终于明白了刘老师的高明之处。这篇短文在细节的观察与描写上确有可圈可点之处，再细品下去，题目饶有新意，颇有些艺术哲理的味道，可内容跟题目之间似乎少了点呼应和对话。任何植物生命都是离不开土壤的，为什么说它“不需要净土”呢？这正是这株小草花的独特之处。如果把重点放在它抓住砖缝以求生存的顽强上，就会让我们想起郑板桥《竹石》那句“咬定青山不放松”的名句，而小草花的“坚劲”无论如何是不能与“立根原在破岩中”的竹石相比的。反观这株小花，它是那样的自如、自在，“迎着阳光，开放着，微笑着”，很是带有一些孤芳自赏的独立与孤傲，这正是生物学上每一个生命都是这世上独一无二的胜利者的表现。倘若中心放在这自娱自我的自立个性上，既融入了“00后”的一代性格，又突出了独立的意境，或许更能与文章标题的艺术与哲理融为一体。没准这正是刘老师的思想之处，所以她在标题处打了个大大的问号，最终批了个让你去细心琢磨的“A–”，而这一问，恰恰是艺术哲理的堂奥所在。

外婆的火炬树

小时候，觉得外婆和火炬树是连在一起的。园子里有两棵火炬树，它有很多故事，关于我，关于外婆，关于我小时候的世界。

夏夜，外婆就会躺在火炬树下的摇椅上。她躺在摇椅上，我躺在她身上，我们在火炬树的下面，而火炬树在那宁静而深邃的夜空下。外婆摇着大蒲扇扇蚊子，牵动了头顶的几片树叶摇摇晃晃的。伴着虫鸣，给我讲故事。

“从前啊，有一个王子，他想找一个真正的公主，他去了世界各地，可是都没有找到真正的公主，他回到了王宫。一天，王宫来了一个女孩儿，说她是真正的公主，当时外面正在下雨，她请求国王让她住一晚。王后在她床上放了一颗小小的豌豆，又在上面盖了十二层被子……”

每当外婆说王子终于找到真正的公主时，我就会抬起头，问她：“外婆，那我是什么呢？是公主吗？”扇子扇出一阵柔和的风，吹起了外婆的头发。她用手指点了点我的鼻子，说：“我的乖孙女哟，你不是公主，是天使。是上天送给外婆的天使呀！”

我听了特别高兴，用手紧紧抱住了外婆，十分开心。

火炬树是我听故事的地方，也是外婆给我做书签的地方。

火炬树的叶子极有特点，比秋天的枫叶还好看，红的似火，像在燃烧。最好的是那种似红非红、似绿非绿的叶子，外婆用小刀削去一部分叶柄，再把叶子放在水里浸上一会儿，拿出来后，用纱布压住，放在阳光下晒干，书签就做好了。当外婆捧着一些树叶书签给我时，我还记得我欢天喜地把它们夹在书页里，看到外婆笑得很灿烂，搓着双手，脸上神采奕奕。阳光照在了她灰白的头发上，染上了一层银色。我扑过去给了外婆一个大大的拥抱。

只是后来学业重了，看到园子里的火炬树，也来不及乘凉，去拍拍它的树干，顺手牵下几片叶子，在阳光下端详了。再后来，外婆回到了老家，我的学业也有增无减，不怎么和外婆打电话了。偶尔失眠的晚上，会想起外婆，突然记起小时候在外婆的摇椅上看着树叶和星空那种温暖的感觉。第二天，又把它忘记，转身投入到了学习中去。

升入初中的第一天，忽然发现操场后是一排火炬树，夏末的油绿点缀着树干，那是多么熟悉啊！下课后，坐在升旗台上，对面是那一排的火炬树。开学以来，我看到那叶子由绿变红，或是似红非红，似绿非绿，就想起了远在老家的外婆。

回家，破天荒用半小时找到了放在抽屉最底层的一本童话书，里面的故事每个夏夜外婆都会讲给我。在两页间，我找到了一张树叶书签，有些脆了，仿佛一碰就碎。

还是那片似红非红、似绿非绿的颜色。我小心翼翼地把它捧在手中，眼眶有些湿润了。

随着年龄增长，外婆的火炬树好似离我越来越远，那段美好的记忆我拼命去想也没能想到更多的细节来。第一次有了不舍，我抓起了电话……

记忆渐已消逝，但构造出记忆的生命还在——

外婆，火炬树和我。

（大连市第34中学七年级三班　林真好）

附注：

2020年11月6日，星期五，林真好放学回家，不经意地说了声她瞎编的一篇作文得了全班最高分，还上台朗读给全班同学听了。妈妈想看，她不给。她写的东西从不轻易给我们看的。晚上她上外语补习课时，妈妈还是忍不住偷着翻出来读给我听，读着读着自己便哽咽得不成样子，有感动的成分，也有让她想起自己妈妈的因素。她立马用手机拍下来发给了姥姥，再三嘱咐别让福娃（林真好小名）知道，这是我们偷着看的。林真好下课回到家，好说歹说还是让她把作文拿出来给我们看了。当时我只说了句“千万别浪费了你的天赋”。随后我又拥抱了她一下，说：“这不是你瞎编的，姥姥小时候确实给你讲过这个公主的故事，还有其他很多的故事，火炬树和园子都是真实的，你只是在此基础上略有演义，文章就是这样，源于生活又高于生活，这种演义不叫瞎编，这叫升华，能表达你自己的情感就是了。你真的很棒！”

我并非在故意夸她，我也觉得这篇作文确实写得不错。当晚我便把它录入电脑，决定收入本书。录入时仅仅略改了最后一句，原文是“记忆虽已消逝，构出记忆的生命还在”。第二天早晨我商量着对她说：“‘虽已’是已经消逝了，可文章本身就是在写记忆，改成‘渐已’似乎更好些。”她想了想，说：“那好吧。”我便送她去交响乐团排练去了。其实，她原来的句子也还是可以的，只是为了让她养成字斟句酌的习惯，或出于某种心理，我不得不提出点建议罢了。

童年与海

小学快毕业了，林真好在“六一”前后写了不少诗，她自己偷着发在“笔神作文”网上，圈了几个粉丝，乐得不行不行的。妈妈看了，觉得不错，还发给老师和朋友“展扬”了一番，都鼓励说可以发表的。我也觉得童趣难得，童真难追，故摘录于此。总题目是我加上去的，插画也不知林真好啥时画的，妈妈看到了很是生气，说她不好好学习，把时间都用在画画上了。我问林真好，这些画都是自己创作的吗？她说有参考别人的地方，但主要是自己构思的。这些画原本不是专为诗配的画，如有雷同或近似，请勿见怪，就算是对孩子的鞭策吧。

星

海，是如此的平静安宁，风小，浪也小。
仅有的那一点微风吹起淡淡的波，
拍打成浅浅的浪花。
今夜无月，也无星辰。
深色的大海连接着深色的浪花、深色的夜空。
如果有一只小白帆顺着海向前走，
也许就能走到天上，变成一颗小星星。

灯塔

灯塔是立在悬崖上的，
雨还在下个不停，
光束奋力穿过雨珠，
照亮了海，
也同样把挡在光前的像丝绒样的雨变成了金色，
风把雨滴吹长了，吹偏了，
像舞者在漂浮、游移。

浅海落日

浅海的风，苍凉。
落日余晖，惆怅。
漫长的夜啊，
深沉而不容抗拒地罩下，
云，聚在海的一头，
或说，聚在海的“尽”头。
而残阳，被云遮挡。
那光啊，那粉红色的橘，
也只照亮了低垂云端的上方，庄严，
而又是反抗夜的，最后的挣扎……
云端残光，孤独。
黑夜降临，漫长。
只剩那粉色的阳，一步步迈向深邃，
不知去向，而又游丝一样。
风越发大了，
就这么无情地吹着眼看就要断了的游丝样的光。
心中有千万的不舍，却也不能把风怎样……
海中间，
被风吹散了残阳的影，
反抗般地一次次合上，
风同样吹着海面，
照亮了仅剩的波光。
不，不啊……
黑夜的影子——月……
它来了！

新月

夜的影，月，来了。
尽管黑夜尚未笼罩，
它还是来了。
竟不亮，若隐若现在灰色的天中，
显出它独有的暗光，惨白啊……深沉啊……
它挂在夕阳余晖的上方，为黑夜指路。
不……余晖，它终于消失了，
随着天色的暗，月也越发明亮，
于是这惨白，便成了黑夜的首相。

时间

不远的岸边就是城市，
夜晚显得有些亮而吵闹，
吵得天上的星星都跑远了，
但在岸上静静地看，却能看出万家灯火的感觉。
宁静的海面，倒映着被长长灯串挂着的高楼，
在波光中被悄悄拉长，再恢复原状，
静看，就感觉不到时间的流动了，仿佛在独立的时间线中，
看着海水，看着没有星星的夜空，
看着万家灯火……

月亮海

清月垂悬于海上，带着独有的忧伤，
微风卷起了波光，夹着特定的银亮，
抬头眺，仿佛能嗅出一丝幽香。
低头望，似乎能觉出一缕腥咸。
月的影，清楚地映照在海上，
而风的凉，席卷着波光。
这种静谧的和谐，
相信连朝霞也不愿打破。

花儿努力地开

你看过清晨盛开的花朵吗？经过一夜的酝酿，那仿佛牛乳中浸洗过的花瓣上，点缀着珍珠似的露水。那是花儿最美丽的时候，哪怕只是路边的一朵野花，也不禁让我亲亲它那白白嫩嫩、略带羞涩的小脸。

可是你有想过花儿的美丽，它的芬芳能保留多久吗？也许只有几个月，或者几天，甚至像昙花一样转瞬即逝。昙花一个劲儿舒展着花瓣和叶子，它从不为下一秒是否凋零而担心，只是一味地吸吮着露珠，大口地呼吸着空气，尽情地沐浴着阳光。它创造了美的奇迹。即使凋谢了，昙花毫无遗憾，因为它的生命曾经（毫无顾忌地绽放过光彩）那样精彩。

看着花开花落，我想起一个故事：有个人想学英语，可是始终犹豫不决，于是他就去问一个朋友："再过一年，我就五十岁了，能行吗？"朋友笑笑回答道："你不去学英语，再过一年，你也一样是五十岁啊！"他想了想，恍然大悟，第二天便去学校报名了。

而有的人的生命才刚刚起步，便畏缩不敢前进，他为自己找了许多言之凿凿却荒谬的借口。日子，便一天天从这些借口中溜走了。他应该感到惭愧，惭愧自己连花都不如。同样被赋予了生命，花儿用乐观向上的态度去构筑未来，它眼中的明天是一片阳光灿烂，而他呢，混浊不清。花儿选择将生命燃烧，而他呢，却把生命放进了冰箱，冷藏起来。

就是这样，你咒骂，你伤心，日子一天天地过去；你快活，你欢乐，日子也一天天地过去。为何要给自己编织悲伤的枷锁，锁起了自己最起码的信念和勇气，锁住了最亲最真的欢乐。

有一首诗写道："你知道，你爱惜，花儿努力地开；你不知，你厌恶，花儿努力地开。”而我说：“一帆风顺，取得成功，你要快乐地活着；几经波折，面临失败，你更要快乐地活着。”

（本篇是林润声15岁时的作文）

附：我当时的批复

写得很好！

人活着就应该快乐、向上、执着。

像我女儿！

题目可以再斟酌。

2002年12月22日于大连

故乡的童年

故乡在秦岭深处，一座川北小城。爸妈二十多岁就分配到了这里，他们把青春年华全部奉献给了三线工厂，作为三线子弟，我在故乡度过了难忘的金色童年。

而今身居大都市多年，每天面对着林立高楼，钢筋水泥，车水马龙，时而雾霾迷城无法呼吸，故乡的山水却又时常出现在梦里。

童年记忆由许多色彩斑斓的片段连成——

夏日黄昏，晚霞中数只翩翩起舞的红蜻蜓。

从柏树林中捉来翅膀绿如幻彩的金龟子，捆上细绳拽着绳头让它到处飞。

萤火虫打着小灯笼满天飞时，偶尔捉住几只养在火柴盒里，听说它们是喝露水的，时常拉开看看它小屁股上的绿灯还亮不亮。

草丛中潜伏着蚂蚱，捉它们是有技巧的，用脚在草丛中一踹，受惊的蚂蚱便纷纷逃窜，紧盯一只悄悄上前，用手掌对准，一捂便捉住了。小河沟的石头里潜伏着螃蟹，运气好竟能抓着小鱼，抓回来养在玻璃罐头瓶里，看着它游来游去。

漫山遍野的野沙棘果得有耐心去摘，摘得一大包回家后，洗净拌上白糖，当零食吃，可以解小馋猫的馋瘾；现在的野沙棘枝成了珍贵稀缺的好东西，鲜花市场里一枝卖到了几十元的高价，野沙棘果被做成了饮料，二十元一瓶。

故乡还有几种便宜又美味的小吃，最具代表性的莫过于米凉面了。米凉面就是把陈年大米磨成米浆后蒸熟，切成约食指宽长长白白的面条，装上一碗，拌上熟黄豆芽、熟油辣椒、蒜水、葱花、酱油、香醋后，可以香香地吃饱。爸妈偶尔有事不做饭，便买回米凉面当顿饭，全家一起吃。周末到城里买东西，吃饭不方便，一碗米凉面就解决问题。小伙伴们结伴出游，家长给的零花钱不多，互相请吃米凉面还是够的。而今分布全国各地甚至国外的同学们，一提起米凉面，大脑中反射出的画面感足以让自己暗暗地咽下好几次口水。甚至有同学专门从成都开车四个小时回故乡吃米凉面，就为了解馋。

童年和小伙伴们的游戏有好多种：跳皮筋、弹杏核、跳房子、玩攻城计等。大些就开始学骑自行车了，那时哪有儿童专用自行车呀，全是爸妈上班用的自行车：上海永久牌二八大自行车，个头儿还没长大的孩子发明了一种骑法，身子向左倾斜，紧贴着自行车大梁，右腿从倒三角处伸到外侧，两只脚一里一外各踏在脚踏上，上下蹬，美其名曰“套腿”。孩子们骑得欢快无比，偶尔摔上一跤，龇牙咧嘴地笑着起身拍拍灰，再骑。

有一段时间，厂里的孩子流行玩铁质旱冰鞋，那是一双多么简陋的旱冰鞋呀，铁质的鞋面，下面安装了四个结实的硬塑料轮，通过帆布带绑在脚面上，没有配套的头盔护膝等护具，与现在城市里孩子们琳琅满目的旱冰鞋根本不可比，但儿时的我们是多么喜爱并珍惜那双鞋呀。记得家门前有个大坡，我们为了练胆经常从大坡上站着滑下去，几人一组，一个牵着一个地滑下去，有一次我和大头娃（童年伙伴喻凡的小名，现在我们依然叫他大头娃，带着闺女回老家，遇到时一定介绍这是大头娃叔叔）在一起玩，大头娃说：“我带你滑下那个大坡吧！”我说：“OK！”于是我俩儿一块儿跑到了坡顶，站在大头娃身后的我抓紧了他的衣服，1、2、3！两人一起从坡上冲下去，没想半途大头娃没站稳摔倒了，把我也带摔了，于是我俩一起从半坡滚落到了坡下，待我起身后，发现身上穿着的那套小姨从大城市西安寄来的新运动服，裤上出现了两个大洞，两只膝盖血肉模糊，钻心地疼。那天在我哇哇大哭声和妈妈心疼地给我涂着紫药水的疼痛中度过。第二天，新裤子上多了两个大大的补丁，其实也挺好看的。现在我的左膝盖上还留着那次受伤之后的疤痕。记得丰子恺老先生回忆童年时，把自己额上不小心摔跤留下的疤痕称为梦痕，我腿上的伤疤又何尝不是，看到它，仿佛又回到了快乐的童年。

雷雨天里的闪电，像地图一样印照在镶嵌于木框的玻璃窗上，吓得我赶紧往妈妈暖暖的被窝里钻，看着妈妈织来织去的毛衣针，听着窗外哗哗的雨声，幼小的心灵里感受到家的安全和温馨，不一会儿就进入了甜甜的梦乡。

那时的三线厂就建在山沟的农村里，厂的四周都是农田，上学放学的路上，可以看见农民伯伯春耕、夏种、秋收、冬藏的全过程，脑海中时常浮现水牛耕田、农民插秧、打谷机打谷、毛驴拉车、油菜花海、豌豆花苗爬满山坡的美景……秋收的稻穗秆被晒在厂里的马路上，金灿灿的，厚厚的，放学路过时，经常上去打几个滚，取几支又长又圆的稻秆，回家当吸管喝水。

家里小小的阳台对着一大片田野，田野尽头是绵延起伏的青山，青山外还是群山，只是色彩淡了许多。儿时的我常常坐在阳台的小板凳上望着远山发呆，想象着山的那边有什么，什么时候能离开这小山沟到大城市里去看一看，体会体会什么叫五光十色，高楼大厦，川流不息。可当真体会到并生活其中时，却又无限地怀念，怀念那层峦叠嶂的山，怀念我那美丽而又梦幻的童年。

（本篇作者：徐照环）

自杀的狗与忠诚的猫

都说狗是忠臣，猫是奸臣。狗不嫌家贫，家里再穷，连人带狗都没的吃了，狗自己出去找食吃，终了还会回家的，见了家人依然蹦蹦跳跳，直摇尾巴，压根儿不曾责怪过主人家的贫寒。猫就不是这样，有的吃了它会一直在家，家里穷了，吃了上顿没下顿的，或是鱼虾吃惯了改成了杂粮剩饭，它便会轻步溜地逃出去找食，遇了好心人收养到家，有好吃的，它会住在新家而忘了旧家，一直不走。吃得不好，它仍会溜走继续寻找好人家去了。于是狗和猫便有了忠、奸之分。

这是我爷爷和父亲那辈人的说法，加之鲁迅“仇猫”的复杂心结，一直以来影响着我对狗和猫的看法，贾平凹的《燕子》一文虽也说“猫儿容易背叛，狗儿又多恶事”，但直到现在，我的心里似乎仍然喜欢狗多于喜欢猫。后来自己成了家，也养了狗，园子里也时常住进了猫，不知不觉中我对狗和猫的看法渐渐有了变化，已经不再那么一成不变地模板化看待它们了。那年住进新房，妻子不知是哪根筋动了念想，竟花了 2500 元买来一只纯种约克夏，给它起了个名叫“龙龙”，我属鸡，说是龙凤呈祥，整天喊“龙龙”，谐音“隆隆”，生意就能兴隆起来。刚抱回家时，它才出生一个月，没巴掌大，晚上蜷在我的鞋壳啦里，时不时吱吱地叫着，像是在想妈妈，妻子心疼，便认它作闺女了，常常半夜起来目不转睛地守护着，喂水喂奶，精细得不亚于伺候个新生儿。没过多少日子，“龙龙”已是满地撒欢地东蹿西跳，桌角凳子腿大都被它咬得“狗啃”似的，看它脚前脚后怀里腿上的欢实劲儿，仿佛它的叫声也都成了愉悦的歌唱。

“龙龙”很快为家里带来了喜事，妻子怀孕了。出于对孕妇和婴儿的卫生健康考虑，妻子万分不舍地让我弟弟把“龙龙”拉回集安老家去了。临走时“龙龙”依然欢快地蹦跳着，没有一丝依依难舍的表情，倒是妻子大哭了一场，像是送别亲人似的。直到女儿快上小学了，“龙龙”再没回来过，有一天弟弟打电话说“龙龙”老了，埋在了老家三道村，妻子听了，又是一场泪如雨下。

或许是孩童的天性，说不准有“龙龙”冥冥中的影响，女儿越发地喜爱上了狗狗，一段时间常闹着要去小姑家，小姑则说她精力太旺盛了，每次在家里跟 Sunny（雪纳瑞）都玩得满身大汗，直把 Sunny 累得动弹不得。再后来女儿每到小姑家，Sunny 就像老鼠见了猫似的，直往桌子底下或床下钻，看样子即便在暗无天日处待上一整天，也比出来累个半瘫舒服些。

一次酒席间，我讲了女儿把狗累趴下的故事给“大许”听，大许因嗓门大办事爽快得名，是我 20 多年的好朋友，举着酒杯很有些不屑地大叫：“你那算啥？我儿子在家跟狗那个亲劲儿，有一次把狗耳朵亲得直流血，嗷嗷叫着一溜烟跳窗逃跑了。那次是在别墅里，后来在市里楼上家里，他又想抓狗狗亲，狗狗一急从窗口跳下，这次是六楼，狗狗再也没了叫声。我回家问是咋回事儿？儿子说，‘狗狗不跟我玩，跳楼自杀了’。”

俗语说“七岁八岁讨狗嫌”，这个年龄的孩童玩起来没轻没重、没好没坏的，连狗都受不了，甭说人啦。狗狗却是知道轻重好坏的，亲谁、吠谁、躲谁、舔谁，它同样有着自己的认知，虽说你是家里的主人，狗狗也并非都由着你的性子行事的。电视中“狗班长”的节目前前后后只是说明了一个道理，人有人性，狗也有狗性，人狗相处是相互的，你太严厉了狗可能会抑郁，你过于软弱了狗就会猖狂，以至不乖到“没你”的地步。没人要的流浪狗，没见到总是赖在主人家不走的，别人若是给了它一点好处，它也会乖乖地跟人走，或是待在给它好处的人家门口再不走开。贾平凹说狗是最没安全感的，所以便依了人，我以为人是最没安全感的，所以才养狗看家，不养狗也得安个防盗门。显然，相互的关系不光是人与人，人和狗以及人和其他动物无不如此。

猫也绝非都是奸臣，人猫之间同样是相互的。我有位好友姓徐，待人接物处处关爱有加，五个姊妹个个沾了她的光，因排行第四，人们习惯叫她“四姐”。也不知哪年哪月谁送了她一只波斯猫，一只眼蓝，一只眼绿，瞪大了眼看你时像是秋波送爱，由不得你不喜欢它。家里保姆回老家后，她又常出差、出国的，不忍心让它宅家孤单着，便开着奔驰500把它送到了40公里开外的朋友家。一周后，她正在家中看电视里的大猫故事，也便想起了自家的猫，猫咪怎样了？它想我了没？正要打电话问朋友时，忽然窗外传来了猫咪叫声，是的，是猫咪的声音，她立马打开窗帘，果然是猫咪，是它自己跑了40多公里的路找回家的。她一把抱起了猫咪贴到脸上，猫咪的头部像被雨淋了似的，她的泪水还在往下流，哽咽着说道："我死也不送你走了。"呜、呜……

世界互联，万物有灵，有爱才会被爱并感知爱，人和一切都是相互的。

有了这番感受和经历，几年后家里也迎来了一位新成员——布偶“奶昔”。

广告里的“万物互联”

董明珠亲自朗读的格力广告语第一句便是：“进入万物互联时代。”这似乎是指现在已“进入”，而此前未进入。或可理解为现在才是万物互联的时代，而以前不是。乍听起来，在情在理，因为是互联网、电信、电视、卫星、智能手机等现代科技，使我们这个时代各个方面的联系都加速、加快，也更加密切起来。是的，这里用的是“更加”“加速”“加快”了联系，而不是“新发生”的、“初始性”的联系。这意味着什么呢？这是在说“万物互联”并不是现在才开始的，它是我们这个地球乃至整个宇宙自始至终自在存在的关联本质。宇宙诞生了380亿年，多数学者认为宇宙是从大爆炸开始的，这爆炸形成颗粒、尘埃、气体以及化学物质等，据说现在宇宙还在膨胀着、变化着。倘若宇宙爆炸说成立，或无法被驳倒，那它的真理性便是超越了上帝。因为尼采说过：“上帝已被驳倒，只是魔鬼尚未驳倒。”你说它的真理的生命力量不是超过了上帝吗？

宇宙起源于大爆炸，是不是可以说宇宙同出一元呢？地球上的生物同出一个祖先，我们都是微生物的后代，也就是宇宙中小得不能再小的一粒尘埃，这是物理学、生物学、人类学等科学领域都已认可了的。由此推而广之，地球所有生物同祖，也当必有遗传、演化、依存、食物链之类的一系列的相互联系了。据说河流改道居然与狼有关，谁知道这是怎么关联上的呢？狼没了，鹿和羊等食草动物将河岸的植物啃食殆尽，河狸无家可归，岸土松动，洪水一冲，河道也就改变了。这是美国黄石公园近百年的真实历史。他们后来又从加拿大引进了灰狼，自然界的一切又恢复了平衡。

世间万物究竟是怎样联系的，我们所知甚少，这种联系的密度也无法一时测定，如同一张大网，这其中的关联性有物质的，有基因的，进入人类社会，又多了层文化的、艺术的、社会的联系。这些联系有的相助，有的相反；有相生的，有相克的；有密切的，有疏远的；有明着的，有暗自的。但无论是哪种形式，万物确是自始至终都在关联着、斗争着、合作着、演化着。你说这万物互联的世界是从现在才“进入”、才“开始”的吗？显然“No”！

然而说现在进入万物互联时代，用“时代”的时间概念来界定这个时间段的互联特点，指出这个时代因为智慧连接加速了人们的关联速度和密度，也是有它一定道理的，这就像我们常说的农业时代、工业时代、信息时代等“断代”用语一样，它仅仅在突出这个时代的信息特点，强调的是这个时代的连接方式，从这个意义说，我们现在是万物互联时代也是无可厚非的。只是我们切莫由此便误以为，万物互联是从现在才开始，才“进入”的。请勿忘记，这个世界，这个地球，这个宇宙，打从出生那天起，万事万物就是相互关联、相互依存、相互竞争、相互协同的共生总体。

我们原本就是互相联系的产物，是万物互联的一个因子。我们并非“进入”互联网络，我们原本就在其中。我们既是互联网络的制造者，同时也是网络互动的参与者，只不过我们现在懂得运用新的智慧，提高了参与互动的频率和力度罢了。

我们互联着，我们都是这张互联大网的一环。这张大网可以没有我们——就像地球没有了恐龙一样，我们却离不开这张大网。我们没有理由撕破这张大网，而应该紧紧地牵着彼此的手，让这张大网更加稳固、更加和谐、更加美好！

“两山”随想

“绿水青山就是金山银山。”这是新时代的号角性史诗。它唤醒了我们生命中本然的对大自然的依赖与热爱。举国上下在这并不遥远的史诗感召下，开始了生产的结构性调整，向着绿色的可持续发展大踏步地转型迈进。天又增加了蓝，水也渐渐地绿了起来。仿佛我们又可以憧憬到童年时那“人”字形飞回的有着大雁的家园。

这是现实版的诗与远方，也是远方的美景用诗的音韵向人类描绘的画卷。诗的优美能够让人们感受到它的质感，然而人们身在不同的角度或不同的地位所能感受到的美与韵却是那样的相去甚远。人们对“绿水青山”的形象感知几乎是完全一致的，因为好山好水是所有生命的共同向往；只不过人们对“金山银山”的体悟认知就容易产生歧义了。一方面，金、银是有价金属，它们既是珍贵、宝贝、贵重的价值符号，也是一种财富、地位、利益的有价象征。用金银来表述绿水青山，说明绿水青山金贵、重要，因为它是生态系统得以恢复和重建、人类生存环境得到尊重和改善、生物多样性获得保护与尊重的必要条件，其对地球生命和谐共生的长远意义如同金银般珍贵恒久，却比金银的价值还要贵重。另一方面，如果我们站在生态系统之外来远视“绿水青山”，不是把自己融入那美好的风景中，而是只看到它的“金、银”的商业价值和经营它的经济收益，则似有偏离生态环境系统的本义，从而掉进了“自然界中现存的一切都应被当作商品来看待，并以这样的方式对其进行保护”的“新型保护主义”的陷阱。“绿水青山就是金山银山”，本义应理解为尊重自然，保护环境，让我们的家园更加秀丽，为子孙后代修复并守住更加美好的生态系统。若像个别人那样把它看成是新一轮的赚钱商机，把“绿水青山”当作摇钱树，从而打着保护的旗号大摇大摆地走进深山从事起“保护性开发”的赚钱营生来，那就不仅曲解了“两山论”的初衷，甚至会给生态环境的保护与修复招致新一轮的危险。

商业价值只是地球人类的小聪明，生命意义才是宇宙存在的大智慧。当代社会生物学创始人爱德华·威尔逊教授在《半个地球》一书中，曾对“新型保护主义”大加鞭挞，他把这种观点称为“人类世”世界观，是“最危险的世界观”，持这种观点的人认为：“人类已经完全占领地球，幸存的野生物种和生态系统要根据其对人类的有用性而获得评判和保护。”这是一种极端主义的观点。我们应该尊重自然，还自然于自然，而不应该短视、功利性地让自然为我获利、为我所用。人类不应以强凌弱自诩为地球的主宰，人类只不过是地球上数百万种共生共在的物种之一。正如威尔逊所说：“每一个物种都是一个奇迹，是值得我们拜读的漫长而精彩的史话，是经过数千万年的挣扎最终出现在我们这个时代的赢家，是最优中的最优者，是其所生存的自然栖息地中身怀绝技的专家。就像我们人类一样，它们掌握着在所处生态系统中生存的独门绝技。”尊重自然，保护环境，维护所有生命赖以生存的生态系统，就是对每一个物种的承认、对每一个生命的赞美、对生物多样性的可持续性呵护，最终受益的是地球上的所有生命，包括人类自己。

人类真是地球的主宰吗

我在写《共生管理》时，并没有多想人类能不能成为地球主宰，或到底是不是地球的主宰，因为在我的心里答案早已是明确了的。然而近几天这个问题又不得不重新提、重新想，以至于令我辗转反侧，饮食无味。一是由于我的老同学孙晓春在为拙著写书评时特别强调了“主宰”的话题，再则又有人对翻译出版的《我们人类的进化——从走出非洲到主宰地球》给予了类似的评价。明天就是“5·22”国际生物多样性日了，这越发地让我自问：人类真的是地球的主宰吗？

从译著的书名来看，“主宰地球”似乎作者是持肯定态度的，而这恰恰是个误译。书名原文是：*HUMANKIND*：*How Biology and Geography Shape Human Diversity*。直译应该是“人类——生物地理学如何塑造了多样性”，讲的是人类多样性怎样因生物学和地理学而形成，并无主宰地球的意思。细读书的内容，作者亚历山大·H.哈考特并没有说人类是地球主宰，相反，他认为人类只不过是地球上的一个物种，是注定也要灭绝的过客。他写书目的很简单，“就是增长人们对人类物种多样性背后生物地理原因的知识，引发人们的兴趣，这种多样性既包括生物多样性，又包括我们的文化多样性”。换句话说，尽管我们大脑发达，我们有宗教，有哲学，有自我意识，有现代科技，“所有这些能力使我们异于禽兽，但从生物地理的角度看，我们人类往往只是另一个物种而已”。他从生物地理学和进化的知识角度揭示出：“最终，所有物种都会走向灭绝。”而我们人类还在地球上能坚持多久呢？作为“人族物种”，直立人存在了150万年，其他分支的生存时间则从100多万年到仅仅30万年不等。我们的祖先种平均生存了60万年。要达到类人物种存在的平均值，达到人族物种的平均水平，人类还需要再坚持40万年。而要想实现这一目标，人类必须珍惜资源，保护生物多样性，“如果我们能够维持并扩张其他物种的地理范围，那么我们人类这个物种可能也就有了希望”。很显然，他不认为人类是地球的主宰，如果他懂得中文，真不知他看到中文书名后，对译者李虎、谢庶洁把个人的认识强加到书名上会有怎样的想法？[①]

晓春同学所说的“主宰”有所不同，或许他并不是针对地球，而是专指“人类自己”或“人类世界”而言的。他的博士导师高清海先生，是我最尊敬的哲学大家，也是当年吉林大学27岁即被破格提拔为教授的唯一特例。我读硕士时的哲学课也是由高先生上的，他那超强的逻辑思辨和那浑厚磁性的男中音，至今仍令我记忆犹新。晓春说高先生曾讲过一个常识性的道理：世界在本质上是自然的，人是世界的一部分，但自从有了人以后，情况和以前就不一样了，人不仅能够适应自然，而且有能力按照自己的意志和需要去改变自然，这个世界就变成了属人的世界。什么是“属人的世界”呢？晓春解释道：“属人的世界与纯粹自然的世界的不同之处，就在于，这个世界有了一个真正的主宰，这个主宰，古典时代的人们说是诸神，中世纪的人们说是上帝，佛教徒说是佛祖，我们说是客观规律，其实，真正主宰世界的就是人类自己。世界不仅在人的影响下发生着改变，而且它的意义也是由人赋予它的。人是导致世界发生改变、促使生物多样性的状态发生急剧变化的主要原因，随着人类文明的扩张特别是近代以来工业文明的发展，许多物种都迅速地消失了，到了我们这个时代，物种正在以前所未有的速度消失，这是无可辩驳的事实。”[②]人类确实影响和改变了世界，无论是好是坏，事实是无可否认的，所以有学者说现在是“人类世”。只不过“影响”“改变”和“主宰”，在我看来，在程度上或是本质上是有所区别的。

---

① 亚历山大·H.哈考特.我们人类的进化：从走出非洲到主宰地球[M].李虎，谢庶洁，译.肖静，校.北京：中信出版社，2017.

② 见“天放居琐谈”公众号，2021年5月11日“文化人的共生情怀——林立平《共生管理》读后”。

这又引出了“主宰”一词的语言学语境问题。根据《现代汉语词典》，“主宰”一词有两层含义。①支配、统治、掌握，例如，主宰万物；迷信的人总以为人的命运是由上天主宰的。②掌握、支配人或事物的力量，例如，思想是人们行动的主宰。无论词典怎么解释，“主宰”一词都有支配、掌控、统治、决定的语义和力量，而这种力量从古至今无外乎三种，一是自然的力量，二是超自然的力量，三是人类的力量。自然的力量我们的祖先常称之为“道”或“理”，如《北溪字义》讲“太极”所言：“万古生生不息，不止是个气，必有主宰之者，曰理是也。”《传习录》卷上也说：“天地气机，元无一息之停，然有个主宰，故不先不后，不急不缓，虽千古变化，而主宰常定，人得此而生。”东方文明讲究道法自然，视天地为父母，崇尚自然的力量似不难理解。超自然的力量或曰“神”，或称“上帝”，这在宗教中体现得淋漓尽致。佛教天尊即可主宰万物，《云笈七签》卷十七有传曰：“夫天尊，行化天上，教人以道，延人以生，主宰万物。”《圣经》里的耶和华神，更是造物造人之主，世界上的万事万物包括人类，理所当然也都在神的主宰之下了。唯独人类自己，因为习惯了自然的馈赠，又能凭借现代科技的种种手段来改造自然，便以为决定人类命运的正是人类自己。宋明理学向心学的发展，即有“身之主宰便是心”“心者，吾身之主宰”[①]等说法，现代人则讲思想和心态才是决定我们命运的主宰。人心大了，且大得有些无法收拾，从古希腊普罗塔哥拉的“人是万物的尺度”，到现代以墨迪、诺赖等为代表的“人类中心主义”，人类真的以为自己可以主宰世界、主宰地球了。

“存在即合理”，这句话用到“人类中心主义”者身上也有它的合理性。从人类确实可以而且能够认知、影响和改变自然的角度来说，人类确实能够主宰世界、主宰地球。“人族物种”的确是地球上最伟大的一次物种突变，地球的生物平衡机制从此被打破，人类成了地球上最聪明、最富有创造灵性并极具文化传承能力的物种，这些都是无可否认的事实；人类的出现和繁衍，使地球生物多样性的格局发生了巨大变化，尤其是进入工

① 《传习录》卷上、《日知录》卷一。

业社会之后，物种灭绝的速度提高了上千倍，全世界由每年灭绝1个物种，上升至平均每小时就有3个物种灭绝，虽然人类也帮助某些物种扩张了它们的分布范围，但毕竟因为人类的膨胀而改变了地球生物的生态状况，这也是不争的事实；人类对地球资源无节制地攫取和消耗，甚至改变了地球的地质气候环境，人类生产出来的核能量和化学武器，足以毁灭地球生物和整个地球上百次、上千次；人类更引以为傲的是，不仅占领了地球，还要通过科学技术的进步去统治其他星系，以至于幻想着发动星球大战，成为“宇宙主宰”。这一系列让地球人无比自豪的成就，确实让地球人很容易滋生自己就是“地球生物的领袖、世界命运的主宰”这样的“美好感觉”。

然而，当我们换个视角，或是站在太空中，把自己当成“外星人”，再来看一眼地球和地球人时，我们还会认为自己是地球主宰，还会设想去主宰宇宙吗？也许有人还会一如既往地享受着那种“美好感觉”，但我自己是万万不能的。地球已有45亿年的历史，而我们人类的生命历程才只有几百万年，这对地球来说不过是弹指一挥间，地球上的生物已经更迭了无数纪、无数代，地球的所有生物都难逃一死，而地球还会存在，即便它轨迹变了，自身碎了，它还会以其他形态飘浮在宇宙之中，而地球上的生命物种可能早已渺无踪迹了。也就是说，地球寿命远比地球上的任何生命物种都要绵长，地球上的任何生命物种都要仰赖地球给予的最基本的生存环境才能得以生存，而地球却可以不需要任何生物物种。科学已经证明，地球物种已经发生了5次大灭绝，恐龙化石就是小行星撞击地球造成物种灭绝留给今天的记忆。第6次物种灭绝由于人类的膨胀正在进行着，此次物种灭绝之后又会诞生怎样的生物，我们不得而知。总之，地球是地球生物的母亲，任何对它的放肆与不敬，它都会以自己的方式予以回敬。仰仗地球环境而得以生存的物种，尽管可以影响甚至改变地球环境，但绝不可能成为地球的终极主宰，就像人类生存离不开阳光，人也可以创造阳光，但却不能主宰太阳一样。

“人族物种”和其他生物种属的关系也一样。人类对其他物种可以统治、主宰或掌握着生杀予夺的权力，人类凭着自己的能力也确实摧毁了很多物种，以至于生物多样性的分布状态也确因人类的干预而发生了重大变化。但是就人类生存的基础条件而言，人类又离不开生物多样性所赋予的生活条件和生存环境。人类生存最基本的条件包括空气和水源，而这恰恰拜赐于生物多样性，如果没有了水和氧，没有了青山和海洋，人类再聪明、再有创造力，还能在地球上生存吗？表面上人类是其他生物物种的领袖，可以颐指气使地对待其他任何地球生物，但若离开了其他生物物种的恩赐，人类同样是无法生存的。一场新冠病毒疫情肆虐全球，使地球人无不陷入一片恐慌，而地球照常自转，太阳照常升起，鱼儿照游，鸟儿照飞，我们还能站着说话不腰痛地说人类可以主宰一切吗？

不能，显然不能！本质上我们不是地球以及任何星系的主宰，更不是可以任意挥霍和屠宰其他生物的霸主，虽然我们比它们都聪明，都强大。我们只是宇宙星辰中的一粒尘埃，我们只是地球生物圈中的一种生物。尽管我们的影响力极其强大，甚至可以摧毁地球，但是人类不至于愚蠢到那种地步，狼尚且懂得不能把羊全部吃光，羊没了，狼同样也就不存在了，人比狼更加明白，毁灭地球就是毁灭自己。所以，我们与地球以及其他地球生物之间不是主宰与被主宰的关系，而是相互联系、相互依赖，甚至是相互制约的平衡关系、共生关系。放下“人类中心”的傲慢，与万事万物共生共在，人类爱护的不仅仅是地球和地球上的生物多样性，同时也关乎我们自己。地球是地球生物的共同家园，保护生物多样性也是保护人类自己，爱地球就是爱自己。

共生書房

中篇

文化多样性

——人与社会

“从新想，从新做”①

很多科学实验在无法进行下去的时候，常常回到原点重新开始，就像学车考桩，一次未过，你得从头再来。当我闭目养神、冥思苦想“生命的意义到底是什么？我们创办公司的目的究竟是为了什么？”而又百思不得其解的时候，仿佛跟卡住的实验一样，新一轮的苦想又得“从新起始”。

冥冥中鬼使神差又让我走在了昆明的乡间小路上，一路看山看水，不是游玩，胜似游玩。昆明中科院动物所的潘晓斌博士，对云南高冷鱼种的研究有了历史性的突破，我们正在一起踏寻新的繁殖基地，我的好友潘总、禹总都有心将这一科研成果转化成经济行动。这原本是生物多样性保护行动的一项硕果，大家吃鱼时的愉悦心情都洒在了一路上的风景里。可不知谁把话题引到了当年的西南联大，提到了当时住在乡间的沈从文，这让我一下子默默不语了。我想起了他当年在这乡间的苦闷与呼喊、追问与自得。他先从这天光云影草木荣枯中有所会心，随即由大好河山的丰腴与美好，和人事上无章次处两相对照，“慢慢地从这个不剪裁的人生中，发现了‘堕落’二字真正的意义。又慢慢地从一切书本上，看出那个堕落因子。又慢慢地从各阶层间，看出那个堕落传染浸润现象；尤其是读书人倦于思索、怯于惑疑、苟安于现状的种种，加上一点为贤内助谋出路的打算，如何即对武力和权势形成一种阿谀不自重风气”。沈先生再也无法按捺住内心的冲动，于是他渐渐失去原来与自然对面时应得的静谧，终于喊出了他内心深处的呼叫：

① 文中“从新”等词均引自沈从文原文，不做修改。

> 这不成！这不成！人虽是个动物，希望活得幸福，但是人究竟和别的动物不同，还需要活得尊贵！如果当前少数人的幸福，原来完全奠基于一种不义的习惯，这个习惯的继续，不仅使多数人活得卑屈而痛苦，死得胡（糊）涂而悲惨，还有更可怕的，是这个现实将使下一代堕落的更加堕落，困难越发困难，我们怎么办？如果真正的多数幸福，实决定于一个民族劳动与知识的结合，从极合理方式中将它的成果重作分配，在这个情形下，民族中一切优秀分子，方可得到更多自由发展的机会。在争取这种幸福过程时，我们实希望人先要活得尊贵些！我们当前便需要一种'清洁运动'，必将现在政治的特殊包庇性，和现代文化的驵侩气，以及三五无出息的知识分子所提倡的变相鬼神迷信，于年青生命中所形成的势利、依赖、狡猾、自私诸倾向，完全洗刷干净，恢复了二十岁左右头脑应有的纯正与清朗，认识出这个世界，并在人类驾驭钢铁征服自然才智竞争中，接受这个民族一种新的命运。我们得一切从新起始：从新想，从新做，从新爱和恨，从新信仰和惑疑。……[①]

历史好似车轮一样循环往复地转着，如果我们不说出时代背景，或许有人会质疑沈先生的生存年代。可这确确实实是他在 1944 年 5 月以《黑魔》为题发表在重庆的一本杂志上的一段话，这篇文章正是他在昆明乡间时的心情写照。历史的车轮已经转过去 70 多年了，沈先生也于 1988 年离开了这个人世，今天的社会更是发生了天翻地覆的变化，可我们每读到这段文字，仍会有人以为这是穿越时空的"呼喊"，所以刘红庆在编选"沈从文人生随感集"时，将这篇文章的题目改成了《正直而有信仰，始终相信善》。或许正是生活、正直、幸福、尊严、信仰、向善这些人类永恒的命题，原本是跟时间瓜葛不上边的，只要你属于"人类"这种动物，你就会超越时空地琢磨着、思想着，这些命题就总会不知不觉地钻进你的脑袋里，一代接着一代传承下去，每一代人又都会按照自己当下的生存环境和生活状况，"从新起始"地开启新一轮的追问与思考。而人心与社会却总

① 沈从文《正直而有信仰，始终相信善》一文被收录在《中国人的病》文集中，新星出版社 2015 年版。

是在正直、信仰的引力作用下，一路向善地行进着，向活得尊贵，向多数幸福的目标从不停歇地驶去。

也许我们在山间一路行驶，有时会惑疑，有时会迷茫，可生命偏偏总是在“山穷水尽疑无路”的境遇中接受新的运程，开始新的思考、新的行动，去踏寻新的路径。如沈从文在文章结尾处以主妇清明目光中仿佛流注的一种温柔所回答的：“从前故事上说，王子眼睛被恶人弄瞎后，要用美貌女孩子的纯洁眼泪来洗，方可重见光明。现在的人呢，要从勇敢正直的眼光中得救。”

70 多年过去了，今天我们对“人”的认识和对“文化”的思考，就像一道绕来绕去又绕回来的山路，仿佛又进入了新一轮的境遇，我们又要“从新想，从新做，从新起始”了。

画说双重人性

我们是矛盾的共生体，无论我们来自地外还是在地球上自发生成。

J.K. 罗琳小说中的哈利·波特，在知道自己体内存储着伏地魔的能量时心中颇为纠结，这时小天狼星对他说："我们每个人都有光明的一面和阴暗的一面，关键是我们选择哪一面。"这段话对林真好小朋友的触动也是蛮大的。有一次，我俩在大连游泳馆休息大厅里也聊起了类似的话题。

我说：嘿！我发现你的身体里有两样东西。

她问：什么东西？

我说：嗯……有一个小魔鬼，还有一个小天使。

她问：真的吗？

我说：真的！我们每个人的身体里都有这两样东西，当然还有其他东西，只不过这两样东西最好斗，他俩总是在我们身体内打架。你若任性、贪婪、耍脾气、不自制，小魔鬼的力量就会在你的体内强大起来，小天使则会被压抑、被欺负因而变得弱小；反过来，你若和蔼、友善、自律、坚强，小天使就会强大起来，从而抵制住小魔鬼不让它作怪，而你就能变得像天使一样光明、美丽。你愿意做小天使还是小魔鬼呢？

她说：我要做小天使。

我问：那你怎么样才能成为小天使呢？

她说：我要控制住小魔鬼，我要和蔼、友善、自制、坚强。

从那以后，林真好小朋友在自律、自制方面确实有了明显的进步。每当她任性的情绪快要发作时，我都会立马提醒她："小魔鬼要出来啦！"她会一下子平静很多。记得马克·吐温曾经说过，我们每个人都是月亮，都有黑暗的一面。这也就是董仲舒说的"仁贪之气，两在于身"①。天使与魔鬼、光明与黑暗、自私与利他、竞争与合作，无论我们能否理解或如何解释，这种冲突着的矛盾现象却是伴随人类与生俱来的双重本性。

大概是受到那次谈话的启发，几天后林真好创作了一幅画，我问她这幅画的名字叫什么？她反问我："你看呢？"我说："是水与火吗？"她说："是《冰与火》，冰比水要和火的反差更大一些的。"细细品味，冰与火不是直线式的整齐分开，而是交叉渗透渐变分离的，相交处你中有我，我中有你，冰在压迫着火，有一种要融入火里的力量，火则向上升腾，并极力冲进冰中，形成两者咬合"冰火既济"既相合又相离的力量。在十岁小朋友的脑海里能有如此画像、如此表达，这和她前几年画的山与海、天与地之间的线性分开的画法相比，着实令我大大地赞叹了一番。

《冰与火》，林真好 10 岁画

进一步深入思考，我在网上搜索到了一位艺术家叫埃舍尔（M.C.Escher），他有自己的网站 www.mcescher.com，网站上的作品大都是阴阳对比的风

---

① 《春秋繁露》卷十，深察名号。

格类型，其中一幅我们不妨先看一下。

资料来源：www.mcescher.com。

我让很多朋友都看了这幅画，我问他们一开始看到的是什么？大多数的回答是看到了魔鬼，我让他们再细看一下，于是他们又看到了天使。魔鬼色调阴重，所以人们一眼就能注意到，以为白色部分只是画中的空白处，再仔细一看，原来白色部分不是空白而是天使。天使和魔鬼交织在一起，整幅画面明暗对比，逻辑排列，紧密交汇，没有空白，你看到了魔鬼，它就是魔鬼，你看到的是天使，它就是天使，究竟是什么这要看你怎么看它，看的是画的整体还是局部，选择权完全在你自己的眼里。如若你既看到了魔鬼也看到了天使，说明你对我们人类的双重本性已经有了初步的认识，就像这幅完整的画面一样，魔鬼和天使原本就是不可分割的整体。

两千多年来关于善与恶的人性争辩，任何人都无法判明谁对谁错、谁输谁赢。人的天性不可能是单一的，就像人的嗅觉有酸甜苦辣咸“五味俱全”一样。生命是在一定的环境条件下诞生的，诞生生命并促使生命不断进化的环境条件毫无疑问不可能是单一的、纯净的，因此人性的原本模样虽然不能说它最初有多么复杂，但却可以认定它也一定不是单元素、单方向的。生命的进化虽然是由简到繁、由单细胞到细胞网络的复杂过程，但生命本身也一定要经历从简单的相互依存到丰富的万物互联，并最终形成多姿多彩、多元多样的绚丽世界的漫漫里程。

我国的嫦娥四号探测器已在月球背面成功着陆，开始了探索月球黑暗面的太空之旅。如果说探索月球背面或宇宙黑洞需要的是科技智慧，那么探知人性的阴暗面所需要的就不仅仅是智慧了，恐怕更加需要的是人类敢于正视自己和自我批判的勇气。在这一点上我特别欣赏安·兰德的率直，她可以坦诚地向所有人直白：自私也好，利己也罢，自私也可以成为一种美德，利己也能成为善良的德行，我，就是为自己而活着！难道这不是很可爱吗？有谁敢说他/她自己的身心内外都是光明的而丝毫没有阴暗的一面？倘若真的有人站出来宣称他活着的全部意义都是为了别人而没有一点为他自己，这话又有多少人会相信呢？

我抱着探讨的心理跟学生物学的弟弟通话交流，我问他："人存在的第一要义、或者说生命的第一需要是什么？"他不假思索地立马回答说："活着！所有生命的第一要义首先是生存。""就这么简单？""难道不是吗？"[①]是的。我无法反驳，因为我也同样是这么想的。为什么我们总是习惯于把事情往复杂里推断呢？是因为我们太聪明或是我们总有表现自己的欲望？或许我们都是《红楼梦》里的凤姐，聪明反被聪明误了。人是什么？人不就是一种动物嘛！只不过人的大脑比其他动物的大脑生物分子复杂了一些而已。人在本质上也是生物性的，不过是地球万物中的一种社会性生物而已。放下姿态，承认自己就是个社会性动物，我们自然就会认识到地球上的所有生物都存在着一个共同的机制，那就是作为生命机体都存在着为了活命的最原始的需要。而生命机体的基本需要正是主宰人类所有活动的内驱动力。人为了生存就一定会产生为了自己的意识和行为，而作为社会性的人，为了自己的生存则又离不开他们相互依赖的群体从而又必然会产生为了群体的共情心理和利他活动。所以，人有阴暗的一面，也有光明的一面；人有自私的基因，也有利他的本性。人为了生存必须竞争，然而却是人与人之间的协作配合让人类获得了更好地繁衍生息。

---

① 此次通话一年后，即 2020 年 7 月 10 日，我握着弟弟林立波的手，眼看着他因肝癌病逝。

也可以说，将光明与黑暗、邪恶与善良、自私与利他自然而然地融合到一起的智慧生物，这就是人。这种矛盾体的生物长期以来困扰着人类自己对社会乃至宇宙的认知与感悟。从古代的阴阳学说到近代作家笔下的《红与黑》《罪与罚》《战争与和平》等，无不反映了人类在认知世界时的矛盾心理，以及由此对人类心理造成的困扰与纠结。这种困惑似乎在认知自然界时表现得并不那么突出，毕竟自然界直接传递给人脑的外物信息容易辨认一些，高与低、黑与白、冷与热、大与小等一看便知，即使是原子、分子、离子、质子之类的微观世界，在现代高科技的显微分辨下似也不难将其图像化、可视化。唯独说到人本身，人的思想、人的心灵，甚或民族的文化与人类文明，则就有些捉摸不定且难以形容了。叔本华正是认识到了人的这种“不完美性”，从而建立起他的悲观主义的哲学体系。“知人知面难知心”，人是什么，人类存在的意义等，从平民百姓到专家学者，都很难给出个明确的说法，就算是有了一些专业方面的理解，那也是仁者见仁，智者见智，各执一词，莫衷一是。因为人终究是个生物活体，活动着的人，尤其是处在社会活动中的个体，怎么能和相对静止的石头、树木、水、火、恒星之类的物体相提并论呢？所以托尔斯泰《复活》中的主人公涅赫留朵夫，便成为多面性、双重性、复杂性的矛盾纠结的代表，他既是“兽性的人”，也是“精神的人”。①

在这里，好与坏、对与错、光明与黑暗、混沌与秩序、天使与魔鬼……这些矛盾着的多重形式，并不等于万事万物就是一分为二的二元对立状态，而仅仅是面对复杂事物所采用的简单方便的一种表述而已。很多年前我曾写过一篇《一分为二与一分为多》的短文，强调的是万事万物都有无数层级的中间环节。有些事情并不能用好与坏、对与错就可以简单地界定了的。由“自爱”演化而来的，可能有自我、自恋、自私、利己、吝啬、自以为是、刚愎自用、个人主义，乃至暴力、专制、战争、殖民主义、罪恶等；而由“天使”引申而来的，仿佛还有同情、怜悯、宽容、慈善、公正、自由、平等、博爱、利他主义什么的。这其中不能单纯地用好

① 托尔斯泰．复活［M］．汝龙，译．北京：人民文学出版社，1979.

与坏加以区分，也有可能好中有坏，坏中有好，既有天使的善良，也有魔鬼的可恶，是万万不可非此即彼地断然分开的。就像元代管道升写给丈夫的《我侬词》所说的：“把一块泥，捻一个你，塑一个我。将咱两个，一齐打破，用水调和。再捻一个你，再塑一个我。我泥中有你，你泥中有我。”甚至你中有多少我、我中有多少你也是很难分清的。人是环境中的活体，虽不能打碎了重塑，却是不同的生长氛围塑造不同的人品，不同的情境环境成就不同的精神。不革命就是反革命、不民主就是专制、不利他就是自私等，都是把复杂多样的万事万物简单化的思维习惯，也是人类思想的惰性表现。承认多样才能尊重差异，尊重个性才能和平共处。没有魔鬼就没有天使，天使和魔鬼是同在一体的共生总体。

所以，与其无休无止地争论人的本性到底是善还是恶，是生而本善逐渐被邪恶的力量浸染了，还是生来本恶日益受善良的教化力量所感化等，如此这般，争论可以休矣！因为我们两者皆是。我们既是自私的小丑，也是善良的天使，人性是各种矛盾的混合体。正如生物学家威尔逊在解释我们内心冲突时所说：“过去 20 年积累的科学证据表明，我们是这些完全对立的事情的联合体，也就是说，人生来就是矛盾的。”①

① 爱德华·威尔逊. 人类存在的意义［M］. 钱静，魏薇，译. 杭州：浙江人民出版社，2018.

潘多拉魔盒

东方和西方各自都有大地之母，都有自己的创世女神，或许正是因为始母神不同，才孕育了不一样的东西方文明。

“女娲”，中国上古神话的创世女主，她能一日七十化变，用黄泥仿照自己的模样造出了人，并为人建立婚姻制度，制乐造酒，炼石补天，以其智慧和力量，让人类过上祥和的生活，《淮南子》说她“不设法度，而以至德遗于后世”。所以后人也有把她与伏羲、神农并列为“三皇”的，在各地修建“女娲庙”“女娲祠”来纪念这位“圣者”。女娲所造之人只分贫富，没有好坏、善恶的记载，这与“人之初，性本善”以及中庸、和谐的宇宙认知，显然一脉相承。

古希腊神话中的“盖亚”同为大地女神，她生的一群儿子却被宙斯打入地狱。为了找宙斯报仇，她又与天神乌拉诺斯生下一群巨人，“这些怪物面目狰狞，杂乱的长须、长发，身后拖着一条带鳞的龙尾巴”，神与神之间为了“主宰权力”不惜殊死搏斗，还经常给人类带来灾难，甚至极易暴怒惩罚人类，常常把人类推向灭绝的边缘，因为在众神眼里人类算不上善良。盖亚的孙子普罗米修斯也仿照天神的模样用泥土造人，当他给泥人以生命时，“他从动物的灵魂中摄取了善与恶两种性格，将它们封进人的胸膛里”。因此，人从被造出那天起，就和神创造的其他动物一样，有“自私”的一面，有善、恶之分。《圣经》中伊甸园的故事里即有“生命树”和“分别善与恶的树”。

从创世初始，人就分善恶，有“义人”和“恶人”的区别，这是对双重人性或叫“混合人性”的勇敢承认，不能不说这是西方文明的一大特色，中世纪以后资本主义生产方式的兴起，以及西方哲学和经济学的发展，无不与这双重人性的认知假设联系在一起。

人有人之美，也有人之恶。即使是美女或是天使，在给人类带来美的同时，也有可能带来厄运与灾难。潘多拉就是这样的美女，她是众神创造的“具有一切天赋”的美人，但在造她的同时，众神每人又给她一件“危害人类的礼物”，宙斯这位众神之王也给这位绝世美人“注入了恶毒的祸水”，他们把这些邪恶的“礼物”装进了一个盒子里，让潘多拉带往人间，作为人类偷取“火”的惩罚，以便抵消火带给人类的福祉。在潘多拉美貌的诱惑下，普罗米修斯的弟弟埃庇米修斯没有听哥哥的忠告而接纳了她，她走到他面前时突然打开了盒子，里面的各种邪恶与灾害“像股黑烟似的飞了出来，迅速地扩散到地上”，“从此，各种各样的灾难充满了大地、天空和海洋，疾病日日夜夜在人类中蔓延肆虐，死神步履如飞地在人间狂奔……”。

董仲舒虽也说过“仁贪之气，两在于身”，但“性本善”却始终是东方文明对人性的认知主流，尽管也曾有“性本恶”的争辩。这方面西方的认识应该说更接近于人的本性，美与丑、善与恶同为一体，是人类与生俱来的，你接受了人类的美好，同时也要承受由此带来的痛苦和灾难。人性的双重、混合特点，使我们既是天使，也是魔鬼，美好善良的好人好事多得数不胜数，伤天害理的坏人坏事却也从未缺席。

人类历经数百万年的演化，从直立行走到火箭上天，成绩斐然自不必说，其中最突出的，或许正是斯蒂芬·平克在《人性中的善良天使》中所说的，社会中的暴力正在逐渐下降。也就是说人类演化的最伟大的成就，是逐渐催眠了存在于我们体内的心魔，就像把它装进了潘多拉魔盒里一样，使它能够平静地、相对安稳地睡在我们体内，而人类文明努力的方向，正是继续催眠和抑制我们的心魔，并致力于营造引人向善的社会情境。

然而，我们内心的魔鬼虽然被催眠或被抑制住了，但那也只是暂时的，我们的心魔并没有被根除，也不可能完全把它消灭掉，因为善—恶同体，没有恶也就无所谓善，没有地狱也就不需要天堂了。你若一定要铲除恶，被你一并铲除掉的也一定还有善。这样一来，我们每个人都拥有着善良，同时也怀揣着魔鬼，抛开善良姑且不论，每个人就都像是一个装着邪恶与灾难的潘多拉魔盒，这个魔盒有的已被打开，被放出的恶魔有的正在到处作恶，有的已被正义镇压，但更多的直到他们离开人世也从未被打开过，而是被主人牢牢地控制住，并伴随主人一起埋进棺材里了。

世人常说“冲动即魔鬼”，其实冲动本身不是魔鬼，而是人一冲动，自己那个魔盒就被打开，被唤醒的魔鬼便跑出来占了上风，它会左右、支配人的行为，从而做出许多不可思议的事来。辽宁抚顺某时尚女郎，开着宝马车与修理自行车的发生了剐蹭，一冲动又打又骂，还叫来父母一起拳脚相加，修自行车的师傅哪受得了这等欺辱，一冲动便抽出了水果刀，将时尚女郎一家三口就地刺杀。这个真实的故事告诉我们，打开魔盒的第一把秘钥便是“冲动”，一冲动魔盒就会很容易被打开。可怕的是人类又是一种极易冲动的动物，一句侮辱人的话，一个欺凌人的动作，甚至一个蔑视人的眼神，都有可能刺激到对方让他冲动，此时你若也跟着冲动起来，针尖对上麦芒，互不相让，后果就不堪设想了。所以抑制住冲动也就成了守护好魔盒的首要密码，不光要自制、自律地控制好自己的情绪，更要懂得不惹他人冲动的重要性。不让他人冲动其实也并不是什么难事，人类进化出的文明已经教会我们如何抑制住自己的冲动，每个人都能做到，只要我们每个人都学会尊重——相互之间的包容与礼让。

“冲动”又分一时冲动和持续冲动。一不高兴就出言不逊或动起刀子，那是一时冲动，抑制一时冲动的灵丹妙药是时间，有时只需三秒，当双方都已怒火中烧箭在弦上时，只需三秒钟的停顿就足以化解这突如其来的冲动了。一时冲动大都来自外部刺激，就像针扎了似的，你会条件反射地立马反应，若是给针扎了一下，还要让你停顿三秒钟才可叫出声来，委实有些不近人情，实验证明85%以上的人也是做不到的，所以最好的办法是别用针扎人。持续冲动则就不同了，它主要来自内部，来自我们内心深处的贪婪欲望。天使和魔鬼都喜欢欲望，天使喜欢的是一心向善的欲望，魔鬼喜欢的则是贪得无厌的欲望，无论哪种欲望，一旦形成，它都具有可持续的稳定性，甚至有不达目的决不罢休的坚定性。享乐欲望、金钱欲望、消费欲望、性爱欲望、权力欲望等，天使和魔鬼都有这些喜好，但天使对这些欲望会有控制的底线，能够把欲望转化成有益于人类进步的文明动力；而魔鬼却不同，他们致力于让这些欲望无限膨胀，没有底线，直至膨胀到不能自已，最终唤醒自身的魔鬼并将魔盒打开，成为肆虐人间的邪恶势力。贪婪欲望绝非一朝一夕就能“爆表”的，这期间固然也有外部的诱导因素，因为市场经济某种意义上就是要刺激并满足人们的消费和享乐的欲望，总不能因此就取消市场吧，咖啡喝多了睡不着觉，你还去起诉星巴克不成？因此，欲望又是打开魔盒的另一把秘钥，守护好自己的魔盒不被持续冲动打开，关键还是在于我们的内心是否有能力把控好自己的欲望。

一个人的魔盒被打开，或许只是个“小鬼”，危害未必有多大，最多算是个“小恶”而已；但若一群人的魔盒被打开，尤其被同时打开，造成群魔乱舞，则整个世界必将大难临头，那可就成了“大恶”，或是伯恩斯坦所说的“根本恶”了。让一个人一时冲动很容易，站在他头上拉屎他就会立马打开自己的魔盒。让一个人持续冲动也不难，只要连续不断地引诱他，他就会“买、买、买”地消费个不停，“贪、贪、贪”地贪个不够，直到掉进无底深渊。然而，若让一群人打开魔盒，甚至几乎是同时打开，则就不那么容易了。打开魔盒虽然也关乎外部力量，但结果终将是自己打开的，你不自己心动，不自己动手，没有任何人能打开你的魔盒。所以若想让一群人同时打开自己的魔盒，就必须让他们心甘情愿地一起行动，若要让他们心甘情愿地一起行动，就必须让他们在内心深处统一意识。德国纳粹做到了这一点，于是就有了二战时期的集体作恶，就有了奥斯威辛集中营惨绝人寰的灭绝人性。当恶魔们一致认为人类社会和动物一样也应该“适者生存”，所以他们在屠杀中国人时就绝不会有半点犹豫或眨一下眼。“集体无意识”其实也是一种“群体意识”，在统一意识驱使下的集体作恶，力量之大甚至远超过众神之王的宙斯。“群体意识”就像是集体吃了鸦片，形成群体性的意识形态，它削弱了个人的主观意志，一旦向恶，便会使一群人自甘堕落地慢慢打开自己的魔盒，而他们自己甚至全然不知。法国思想家雷蒙·阿隆的《知识分子的鸦片》一书即道出了其中的奥秘，人类群体的意识形态一旦形成破坏力量，其危害之大并不亚于原子弹的威力。如果说一群人同时打开魔盒的密钥是“群体意识”，那么，它的克星便是“自我意识”“个人意志”。每个人都能独立自主、自我判断，并能做出自我选择时，人们就不再盲从，魔盒被集体打开的可能性也就大大降低了。

我们每个人都是天使，在天使的躯体里同时还装着恶魔，因此每个躯体又都是一只魔盒。打开魔盒有来自外部的力量，但归根结底关键仍在我们自己。我们可以用侮辱、霸凌、诱惑等方式去刺激他人，让他们打开自己的魔盒，他们也可以用同样的方式对待我们，而最终受害的是所有的人类集体。一个魔盒被打开或许没那么可怕，可怕的是一群人的魔盒被同时打开。善待自己、尊重他人吧，我们毕竟就是我们自己。虽然我们并不完全认同萨特所说的“他人即地狱”，但是我们终究与善、恶同在，是天使和魔鬼的共生有机体。

“童道”五讲

倡导“童道”

中国人讲“孝道”，没人讲“童道”。据《尔雅》及《说文解字》，可视“善事父母者”为孝道。什么是“童道”？我以为“善事孩童者”当为童道。

孝道是儒学“仁爱”之本，被奉为中华民族传统美德之首。所以讲孝道的人和故事比比皆是。秦汉之际有《孝经》《孝子传》，宋元以后有《二十四孝》，清末又将之扩至《百孝》。历时两千多年，“孝道”的内涵前后也有了不小的变化。最初似乎只是在讲“父子有亲，君臣有义，夫妇有别，长幼有序，朋友有信”的天地人伦，所谓“孝子”，也就是父母在世时要“爱敬”，父母离世时要“哀戚”，这样就可以“生民之本尽矣，死生之义备矣，孝子之事亲终矣”。鲁迅小时也曾“只用了私见来解释‘孝顺’的做法，以为无非是‘听话’，‘从命’，以及长大之后，给年老的父母好好地吃饭罢了”。[①] 随着历史朝代的更替演化，“孝道”似又有了深层的精神，父亲不义“则子不可以不争于父”的“争子”渐渐地少了，进而逐步演化成子对父的爱敬服从，臣对君的忠诚不二，形成晚辈对长辈、下级对上级唯命是从、不可逾越的伦理纲常。

现今对“孝子”又有了新解。梁实秋《孩子》一文即对这“孝子”新解说了个透彻见底。人们常说孩子是未来世界的主人，而现实中的家庭很少不是以孩子为中心的，孩子早早就已经成为现在的主人翁。家中一旦有

---

① 见鲁迅《二十四孝图》一文，收在《朝花夕拾》中。

了宝宝，家里的一切设施无不是以孩子的健康与舒适为先决选择的，最好的东西都要留给孩子，不光是孩子的父母，就连爷爷奶奶、姥姥姥爷无不是乐颠乐颠地围绕孩子团团转着，生怕宝宝凉了、热了、伤了、饿了，无论孩子想干什么、在干什么，为了“快乐教育”发展孩子的“个性”和“自信”，断不肯让孩子的意志受到一丁点儿的挫阻，若是一不留神让孩子受了点委屈，大人比孩子更是十倍、百倍地难以承受。所以梁先生说：“自有小家庭制以来，孩子的地位顿形提高，以前的‘孝子’是孝顺其父母之子，今之所谓‘孝子’乃是孝顺其孩子之父母。孩子是一家之主，父母都要孝他！”于是新“孝子”已不是子女该如何爱敬父母，而是父母该如何宠顺孩子了。

无论是“子对父”还是“父对子”，两种“孝子”都走到了各自的极端。一端是父命不可违的绝对服从，另一端是子命不可逆的超级溺爱。前者久而久之便形成了家长制的传统生活方式，孩子要乖、要听话、要孝顺，否则就可以家法伺候，甚至可施以家暴，或者像贾平凹的《关于父子》一文形容的，父子之间如同世仇一般；后者久而久之则养成了以自我为中心的个性一代，大人对孩子好成了新的天道人伦，放学接孩子带上新蒸的包子，回敬你的是：“为什么不带汉堡？”孩子说想吃鱼了，姥姥忙了半天端上来一盘热乎乎的红烧鱼，结果是：“我要吃姥爷做的酸菜鱼！”他们不仅贪图享乐禁受不住压力和挫折，更是只知索取而少有感恩之心。两种“孝子”一个是传统，一个是现在，应该说都不属于健全或完整的人格。

传统“孝子”主要体现的是子女对父母和家庭的依赖关系。在父母的眼里，“是我养育了你，你是我儿子，所以你得听我的，你不仅要孝敬我，还得为我养老送终”。从“我为你好，你也要为我好”的互惠利他的道德标准来衡量，知恩图报的传统孝道显然有其存在的道德合理性，这也是孝道为什么仍然有现实意义的根源所在。然而，当我们从社会学和经济学等视角多元化地审视“孝”时，又会发现传统的“孝”还有它的另一层道德寓意。以家庭为单位的小农经济，支撑着以“孝”为核心的家庭伦理，只有生儿，多生儿，才能有家庭生产的劳动力保障，才能为自己养老做好准备，才能维系家庭经济体和家族基因的传递。家庭作为整个社会的细胞组织，维护家庭经济体的稳定和延续的“孝道”，自然地也便成为整个社会的道德基准。家庭稳定了，社会也就安稳了。忤逆父母就是对家庭乃至社会的叛逆，在道德上也就成了“大逆不道”。从这个意义说，以“孝”为准则的道德范式还潜含着儿子对家庭组织的依赖及其成为家庭私有财产的隐喻，进而成为对家庭结构和家庭经济体进行的最强有力的道德控制。

现代“孝子”主要体现的则是父母对子女的依赖关系。年轻人走上社会和成家之后，工作生活需要自理或是不尽如人意时，这才有“书到用时方恨少”的感慨，把自己“少年不努力”的懊悔及对美好生活的憧憬，一股脑地加给了孩子，仿佛孩子为迷茫的自己一下子找到了方向。在孩子尚未出生时，就已开始想方设法让他“努力”了，好吃的、好用的样样不可亏待，这个特长、那个补习一个不能或缺，打探或接送孩子参加各种“实习班”“提高班”的家长，更是个个忙得不可开交。孩子真真成了家的核心、父母的希望。“望子成龙”的迫切心情，造就了一代焦虑不安的家长，这固然有亲缘关系“利他主义”的生物学根因，但更多的恐怕还与“希望在孩子身上”的那种对未来幸福的依赖，以及对老有所养的期盼，都有着扯不断的联系。

然而无论如何，“孝子”所讲的无非就是“父与子”的亲情关系问题。子女依赖父母也罢，父母依赖子女也好，都重在强调父子之间的单向关系，而我们所要讲的“孝道”和“童道”，也是在讲父与子那种大人和孩子的关系，但这种关系不是单向的，而是双向的，是相互依赖、平行依存的共生关系。没有父母便不会有子女，是父母生育、养育了子女，这是父子关系的一个方面，也是子女理当回报父母养育之恩的一面；另一方面是没有子女也便不会有父母，是子女成就了父母，父母之所以成其为父母，正是因为子女的存在，才使父母的灵魂与心性得以充实和完善，才真正使得他们成为父亲和母亲。父母养育了子女，子女成就了父母，与此同时，子女也在回报父母，子女回报父母是从他们出生后的一直陪伴和第一次朝着父母微笑开始的，而不只是在他们长大成人之后。就像人们养育的小猫小狗作为宠物一样，过程中的欢愉与陪伴就是宠物对主人的回报，主人却从未期盼任何宠物将来会为他们养老送终。由此言之，父母养育子女就和其他动物生儿育女一样，不过是人类繁衍生息的自然伦理，父母既不可因为养育之恩来终身绑架子女，子女也不可因为能够自理自立了就可以弃父母于不管不顾，父母与子女作为“人”的关系来说，他们是相互的、平等的。

古往今来，“孝道”宣讲的每每都是子女应该如何如何地“孝顺”父母，却很少有人从“善事孩童”的立场出发去讲述我们应该怎样与孩童互动。即使有人在热心关注孩童的事情，也往往是从“教育”的视角出发，大讲特讲父母就当如何“教育”子女，而不是与孩子平等相向。事实上孩子并未亏欠父母，作父母的，大都忽略了养育过程中的自然回报，忘记了婴儿的微笑、孩提的纯真、童趣的欢乐等实际生活中的“天伦之报”。离家驻校的学生虽然也想家，想自己的父母，但父母想他们时流下的眼泪和失眠的夜晚一点也不比孩子少，就像父母养育孩子所获得的快乐和充实一点也不比辛苦少一样。我们总是习惯于戴着成年人早已固化的有色眼镜去看待孩童，而本文所要讲的“童道”，正是希望我们这些已经成年的“顽童”返璞归真，也学会感恩孩子，以平等的心态善事孩童，走进孩童的心灵世界，尊重孩童的天然本真，让父母和子女成为彼此尊重、相亲相伴、相互依赖的共生体。也只有在讲究“童道”的氛围中，才能形成相互尊重、平等相向的父子关系，培养出既懂得感恩又自我独立的真正“孝子”。

我们要讲“孝道”，也应该讲“孝道”，但在当下的社会生活中，我们还应该以相互尊重的平等心去讲究“童道”。我们今天讲“童道”了，我们的孩子的孩子，将来也会对他们的孩子继续讲“童道”。到那时，“童道”也会像“孝道”一样，成为影响我们传统生活的一大美德。

成就“童道”

“童道”是指父母与孩子的平等互动之道。“童道”和“孝道”一样，都应成为家庭伦理的重要美德。

主流文化多讲“孝道”，倡导的是感恩文化。我们知道，不只是人类懂得感恩，很多动物也都有“感恩”的表达，但在人类社会中，感恩却是一种最常见的道德情感，就像“谢谢”（thank you）一词是全世界各个民族最普遍的用语一样。“我对你好，你也应对我好”，“我给你挠挠痒，你也为我挠挠痒”，这种生命的感恩，本质上却又是一种互惠利他的道德情操，也有人称之为有条件的利他主义。“我对你好”是施恩在先，“你也应对我好”则是希望对方知恩图报的心理期盼，某种意义上也是“我对你好”的前提条件。这种互惠利他或有条件利他，作为人类的美德之一原本是无可厚非的，人与人之间的关系总得从有人先施恩开始（如父母养育子女），如果无人先施恩于其他人，那么这个社会将不知会变成什么样了。从经济学来说，施恩与报恩也是一种平等自由的情感交换关系，所以有人说：“如果一个人想得到幸福，就必须首先使别人幸福”，这是市场的逻辑。应该注意的是，感恩本来是人类伦理的普通情感，亲缘关系的伟大就在于它有时可以超越感恩，不图回报，倘若把这种普通情感上升到一种感恩文化，形成人类社会中的一种道德主张，就很容易发生“主张过头”的倾向，从而使原本美好的“恩”变了味儿，变成了向对方情感施加的道德压力，此时的“你也应对我好”变成了“你必须对我好”，否则你就是“忘恩负义”了。感恩文化原本是施恩与报恩的对等互动关系，现在却把感恩文化强调过头了，甚至可能演化成一种“道德强制”或“道德绑架”，成了一方为主的单向诉求，而不是相互对等的关系了。我们讲“童道”的意义之一，就是要让施恩与感恩超越先后的主从关系和亲情关系，成为一种相互平等的共生伦理情感。

那么，怎样才能培养“童道”，使“童道”也和“孝道”一样，成为良好的引人向善的社会风尚呢？在这里，谨将作为一位普通父亲的几点心得分享如下。

首先，“童道”讲的是玩伴关系、伙伴关系，是朋友式的平行对等关系。在孩子的眼里，并没有“长幼有序”的辈分区别，有的只是可以依赖的对象和共同玩耍的伙伴，是大人的一举一动、一言一行的示范作用，给了孩童对人与人之间的伦理认知，并逐渐在孩子的心里形成了固化的伦理思维模式。最初影响孩子的，不是大人唠唠叨叨的各种说教，也不是那些如何做人的大道理，而是大人的行为范式，孩子的学习首先是从模仿开始的，所以，“生活即教育”，培养“童道”首先也要从父母做起。在父母的眼里应该首先把孩子看作伙伴，当作朋友，这是培养相互的、平等的“童道”精神的前提。很多父母大都以为孩子幼小无知、不懂世事，做父母或当老师的，就是要“培养”孩子、“教育”孩子，甚至把自己当成了权威，这便从一开始就把自己的身份地位置于孩子之上了。倘若父母首先做好自己，把“培养”和“教育”转换成“示范”“引导”和“帮助”，自然而然就会带出平等相向的“童道”精神，孩子从小就会一步步地养成相互帮助、平等协商、不迷信权威的朋友式的行为习惯和探索习惯，而这正是“童道”的精神基础。

同时，用“朋友”的心态对待孩子，以“帮助”的方式与孩子相处，这就要善于启发孩子“去做正确的事”。帮助孩子从小就懂得是与非、正确与错误的概念，也就是人们常说的要让孩子“懂规矩”，不正确的事情不能做。如果可以因为特殊环境或什么理由就可以去做不正确的事，那就等于纵容他可以找理由去做不合理甚至是不合法的事。这是培养孩子“底线”精神的关键，也是培养孩子“自制”“自律”能力的关键。以孩子自由快乐为理由的溺爱，或是隔代带孩子不忍心违背或制止孩子的放纵，结果只能是让社会来教给孩子这些“规矩”，到那时孩子的心理将会遭遇更大的挫败或者叛逆，这对孩子的心理健康是极其有害的。“童道”精神的核心是相互尊重的平行对等，自己的自由与快乐不能建立在别人的不快乐或痛苦之上，让孩子从小就能感知并尊重别人的自由与快乐，这是童道精神“做正确事”的基本“规矩”。

“朋友”原就是相对独立的，帮助孩童“做自立的人”，这是孩童最终自理自立并博得别人尊重的人格修炼。大人往往都习惯于把自己对孩子的爱一股脑儿地倾泻到孩子身上，这固然能够让孩子感受到亲情的温暖，但也很容易让孩子养成“自我为中心”的任性脾气。大人最难做的是将自己的这份爱“收藏”起来，去做好自己，做好自己喜欢的事情。大爱，不是你为孩子做了什么，而是你示范、引导、帮助孩子学会做什么。爱和帮助要有张有弛，要“和善与坚定”并行，孩童能自己做的事情一定让他们自己做，大人可以提醒、启发，但不能代替。大人代替或直接为孩子做的事情越多，孩子就越笨，越没有自立的能力，“自以为是”的任性心理和不自信心理也就越强。很多家长（特别是爷爷、奶奶）愿意出钱送孩子去学做手工，却在家里不给孩子自己穿衣服、扣扣子、系鞋带、叠被子、下厨房的机会。对大人，“放下”最难。孩子自立能力不够强大，很多时候都是大人太爱孩子，愿意为孩子付出更多导致的。

行为自立是精神自立和独立思考的前提。孩子自己能做的事情，如果被大人“代替”做了，即便大人是出于爱心，却在客观上剥夺了孩子自己锻炼的机会，同时也潜在性地示意“孩子，你不行”，久而久之，孩子不仅自立能力弱，更可怕的是他的头脑也开始懒惰，不愿意去主动思考了。聪明的孩子都是自立式和启发式教育出来的，任何替代式、命令式或灌输式的教育和影响，都培养不出有创造力的人才。大人往往习惯于替代式或指令式的“教育”，因为很多时候大人都自以为正确，所以总希望把自己认为正确的事“教”给孩子，或直接代替孩子把事情做完，目的是让孩子也能像大人那样做事。实际上，大人“自以为是”的事情每每都是错的，即使是对的也会因为这种“输入”式地强制“给予”而固化了孩子的想象力和天赋。大人应该做的是设法启发孩子自己判断、自己选择、自己动手，应多问孩子“你看怎么办”“咱们该怎么做”，尽量避免说“你不能这样”“这样不行”之类的固化语言。有的老人唯恐孩子发生意外，孩子这个不能动，那个不能做，“不要”“不行”“不能”之类的规定用语一天数下来被使用的次数最多，孩子自理自立独立思考的天性就这样一天天地退化了。究其深层原因，不是别的，依然是大人没有站在孩子的立场去理解他们，没有从心底深处相信孩子，没有把自己与孩子放在对等的位置上，没有遵循我们所说的“童道”。

中国人常用“作风”来形容一个人，“作风”并非单指男女关系，而是指一个人的行为气质和精神风貌。实际上“作风”是在指一个人的气质和习惯，而良好的作风和习惯，比知识和技能更重要。行为科学常说，一个人的行为有 80% 以上受习惯支配。父母是孩子习惯和作风的直接导师与效仿的榜样，孩子的作风和习惯，绝大部分都是父母“示范”的结果。“做正确事”的习惯，从立规矩、守规矩、有原则开始；“独立思考”的习惯，从平等交流、民主氛围、敢于批评、尊重权威而又藐视权威开始；“自理自立”的习惯，从大人学会坚定地“放手”开始；“自律习惯”和自学能力，从减少课外补习班和鼓励自己解决难题开始。而这一切，都是从心理对等、相互尊重的“童道”起始。

守护“童道”

林真好小朋友上小学四年级时，忽然有一天问我：“如果，我遇到了两个大人在打架，其中一个动起了刀子，这时我该怎么办呢？”我看着她有些疑惑的眼神，反问她：“你觉得你该怎么办呢？”“我觉得我该躲到一边去打 110。今天老师问我们，我就是这样答的。对吗？”我用欣赏的眼神看了她一眼，说：“太棒啦！你做了一个正确的选择。想想看，你当时可能有三个选择：一是当作什么都没看见自己走开；二是冲上去制止他们；三是打 110 叫警察来。我认为你做了对小朋友来说是最好的选择。”这时她把声音提高了八度，有些激动地说：“可是我们的教辅材料要我们冲上去制止他们，我们能制止得了吗？”“什么教辅材料？”“有一篇文章叫《我的老师》。”“是作家贾平凹（wā）写的那篇吗？”“是的，就是那个叫什么贾平凹（āo）写的。”

我找来《贾平凹散文》，翻开那篇《我的老师》又读了一遍，其中确有一段小朋友冲上去制止大人打架的情节。

> 街上两人争执，先是对骂，再是拳脚，一个脸上就流下血来，遂抓起了旁边肉店案上的砍刀，围观的人轰然走散，他爹牵他正好经过，便跑过去立于两人之间，大喊：“不许打架！打架不是好孩子，不许打仗！”现在的人很烦，似乎吃了炸药，鸡毛蒜皮的事也要闹出个流血事件，但街头上的斗殴发生了，却没有几个前去制止的。我也

是，怕偏护了弱者挨强者的刀子，怕去制伏强者，弱者悄然遁去，警察来了脱离不了干系，多一事不如少一事，还是一走了之，事后连个证明也不肯做。孙涵泊安危度外，大义凛然，有徐洪刚的英勇精神，他真该做我的老师。[①]

读完文章，我给林真好小朋友说明了一下自己的看法。我说：作家的本意不一定是鼓励小朋友去制止大人打架，也许是说我们大人都太世故、太为自己着想了，不像三岁半的孙涵泊那样“不自欺不欺人，平平常常，坦坦然然”，从质朴纯真的角度来看，大人确实应该向孩子学习。毕加索之所以伟大，与他毕生向孩子学习有一定的关系。不过，文章以小孩制止大人打架为例，来说明孩子“安危度外，大义凛然”，确有鼓励孩子去管教大人打架的意思，这一点是可以商讨的。根据《未成年人保护法》的基本精神，未成年人遇到这一类有危险的事情，首先应该想的是确保自己的人身安全，在保证自己安全的前提下，能够帮助大人解决纠纷或报警，这已是很有担当也很勇敢的孩子了，直接让孩子冲到持刀打架的大人中间去，似有鲁莽的嫌疑，我的看法是不应该鼓励孩子的这种缺少安全意识的“冲动”行为。

两年多过去了，这件事一直在我心里纠结着。现在的孩子都十分的娇贵，所有的活儿不用干，刮风下雨不外出，踢球怕受伤，跑步怕摔跤，游泳怕淹着，养鸟怕咬手……恨不得整天捧在手心里呵护着。孩子在家像条龙，是家中的小皇帝、小公主，出门在外则像条虫，离开了父母便寸步难行。勇敢气质、探险精神多数家长却是不曾讲究的，若是鼓励孩子勇敢、闯荡，除了“王二小”“小兵张嘎”以及八路写的“少年特战队”，似乎没什么故事可讲了，现在拿出个三岁半的孙涵泊来“当老师”，却又有幼稚、矫情之感。国外描写勇敢孩子的文艺作品相对多一些，从“尿尿小童”的雕像，到《小鬼当家》的娱乐，再加上《英俊少年》勇敢加亲情的融合，儿童的冒险精神和独立意识确是比国内略胜一筹。总之，纠结我的是孩子勇敢精神的培养与安全意识的教育，讲安全就少了点勇敢，鼓励冒险总又

① 见《贾平凹散文》，人民文学出版社，2005。

带出些危险，冒险精神与安全意识确成了儿童教育的一大悖论。

林真好也是在三岁半时，我们一家人去旅顺203高地看樱花。在一个小山丘里，我说：“为什么我们不爬上山坡看看那边有什么呢？”她说：“好呀！”我大喊一声：“冲啊！”我俩手脚并用一口气爬到了山丘上，看到了另一个山谷里的别样风景。或许，探知未来的冒险精神，就是靠这些小事一点一滴培养起来的。

孩子天性好奇，对未知世界原本都有极大的兴趣。孩子对外部世界的恐惧心理，多半是大人灌输给了他们，而勇敢、冒险的精神气质，无论如何都与探索未知的创造性思维关联得更加紧密一些，鼓励孩子勇敢、冒险，实际上是培养孩子的探索精神和创造意识。所以，培养孩子断不可忽略或扼杀了他们勇敢和探险的原始天性。

然而，探险总是伴随着危险，孙涵泊冲到持刀的大人中间去劝架，似乎危险性大了一些，100个家长恐怕有99个不会支持自己的孩子去做如此莽撞的事情。鼓励孩子勇敢的同时，还要让孩子有危险意识和安全常识，“冒险”是在安全下的探险，安全还是放在前面的。应该让孩子知道，这个世界不光有爸爸妈妈、爷爷奶奶这样呵护他们的天使，还有“伏地魔”那样的魔鬼和恶棍。中国留学生章莹颖在美国被杀，大连10岁女孩琪琪被人骗走奸杀弃尸，都是我们身边发生的真人真事。人性是多重的、混合的，我们每个人都是天使，但都有可能变成恶魔。告诉孩子真实的社会，让他们认清复杂的人性，他们才会避开危险并真正成为天使。

鼓励孩子积极勇敢，呵护好他们探知未来世界的纯真的心灵，毫无疑问是必要的，但也要让他们知道困难，懂得风险，让他们具备安全意识。真正的勇敢是对危险和困难的正视，而不是那种无知无畏。把自己当作权威去任意训斥孩子，或把孩子捧为天使来加以尊崇，都不是“童道”所主张的平行对等的相互关系。孩子自信、平等的人格尊严，对宇宙万物充满好奇的自然天性，像是含苞待放的花蕾、参天大树的小苗，都需要我们成年人精心地呵护和培育。我们应该探知、守护和发扬的，是透过孩子的行为看到他们的心灵，是他们灵魂深处如万年清泉般的纯净与良善，只有这种纯洁的魂与魄，才能抑制和战胜人世间的丑与恶。或如“博大的温柔的灵魂”诗人泰戈尔在《孩子的天使》中吟唱的：

> 我的孩子，去，去站在他们愤懑的心中，把你的和善的眼光落在他们上面，好像那傍晚的宽宏大量的和平，覆盖着日间的骚扰一样。
>
> 我的孩子，让他们望着你的脸，因此能够知道一切事物的意义；让他们爱你，因此他们能够相爱。①

践行“童道”

在构成“人生”的诸多因素中，“遗憾”所占比重可能最大，这其中最多的，恐怕又是发生在家庭和孩子身上的那种遗憾。我们每个人都不可能成为百分百的先知，作为“生物人”都一样，只有伤了才感到痛，很多事情总是经历了才会明白，在孩子长大之后这才知道回过头来反思自己，为什么当初我未能更好地对待孩子呢？

这就是遗憾。而人生中最大的遗憾，莫过于同样的遗憾在下一代身上重复发生。原因是很多人即使经历过了也未必能有真正的感悟。人类文明的意义就在于，人会痛定思痛，会通过总结性的思维把人类的各种情感和认知上升到文化的高度，让人们在生活中能够积累过往的经验，从而使我们即便不能成为完全的先知，至少也要在某些方面有所先觉，并由此避免掉进先人“遗憾”的覆辙之中。这也正是我们倡导“童道”的初衷。或许你的孩子已经长大，以为“童道”与己无关，然而若是你的孩子有了孩子呢？他怎么带儿子，你怎么待孙子呢？显然这是我们谁都躲不过的“生活”。只有热爱生活，关注“童道”，正视遗憾，才能避免和减少在下一代身上又看到我们这一代的遗憾。

家庭就是一个小型社会，是一个小型社会的共生组织，家庭成员之间便是一种共生关系。这和个人与社会的关系是一个道理，没有个体便没有

---

① 泰戈尔：《新月集》，郑振铎译，引自《泰戈尔诗选》，人民文学出版社，2015。徐志摩在1924年送别泰戈尔的讲演中用了“博大的温柔的灵魂”等无数排笔式的赞美评语，可资参读。

家庭，没有家庭也无所谓个体，家庭是一个个家庭成员相互依赖、相互联系的总称。没有超越家庭的个体，除非你是从石头缝里蹦出来的孙悟空；也没有超越个体的家庭，哪怕你仅有非婚生子女。只要人与人构成了婚姻和血亲关系，哪怕只有两个人或是更多人，家庭便诞生了，“人”也就成为家庭中的一员。古往今来最牢固的小型社会组织即是家庭，只要有了婚姻和血亲，人与人之间便形成了最为强大的凝聚纽带，即使离婚率在逐年上升，有人因为各种原因脱离了家庭，但这种凝聚力构成的人际情感要么继续藕断丝连，要么离别得伤心欲绝。所以说，家庭组织与其他社会组织又有所不同，它一方面给了家庭成员以最大的轻松和自由，任何成员都可在家中自由自在地享受生活，甚至连打嗝、放屁都成了融融之乐；但另一方面因为它的超级凝聚力而对每一个成员又构成了强大的责任感和约束力。家庭成了人与人之间特殊的原生关系，它既给了个人以安全感和归属感，同时又严格地限制了每个家人的角色；它既向每个家人献出了最伟大的爱和善，同时也会因为这种原生系统的力量而要求每个家人不得不付出一定的个体性和自主性为代价。这种既相互依赖又彼此约束，既共同付出又各自独立的婚姻和血亲关系，即是家庭生活的共生关系。

但是，“家庭共生”的人际组合古往今来的主导形式却并不是平等的，妇女儿童的家庭地位一直以来始终处在争取改善的过程中，要么是传统家庭长幼有序的伦理纲常，要么是宠爱过头的“野蛮女友”或公主宝贝，而这些都不是平等意义的家庭共生关系，这对儿童教育将会产生极大的危害，也是实现“童道”精神的最大阻碍。因此，实践“童道”首先要从家庭开始，结合学校教育，才能为我们的下一代真正培育起精神健全的健康人格。

那么，怎样才能改善儿童教育，实现我们倡导的“童道”精神呢？以下几点或许可供参考。

其一，我们应该建立一种新型的家庭关系，也就是本文主张的“家庭共生关系”，这是一种既相互依赖，又彼此独立的平等尊重关系。现在家庭的人际关系，依赖、依附性有余，自主、独立性不足，而且在儿童身上体现得尤为突出。很多家长并不是不爱孩子，而是爱得极致化了，把孩子当作了私有财产和家庭希望，这在心灵底处就已经失去平等意义。孩子幼小，离开家庭便不能自理，这是人类生长过程的生物性依赖，是自然现象，父母担负起教养责任，也是家庭角色使然，但我们不能因此就在孩子“心灵胚胎”的发育过程中，使他们产生精神性依赖，甚至用“爱”绑架了他们。孩子属于家庭，但更属于他自己，家庭养育孩子的根本目标并不是要他们一辈子留在家里，而是要让他们独立自主地走向社会。因此，孩子本质上是社会的。在家里依附性和顺从性很强的孩子，走上社会必然缺少独立性和创造力，而这并不是社会所希望的。“家庭共生关系”首先要树立的，就是家庭成员之间的正面对话关系，这是一种相互尊重和不分长幼的平等关系。

其二，学校教育也应探索出一种新型的师生关系，或可称为“教育共生关系”，师道有尊严，学生有自尊，是师生相长的对等教学关系。小时候老师教给我们这一代的是坐正、背手、目光向前，不可交头接耳，也不能发表意见，规规矩矩地“听话”才被视为好孩子、好学生；现在的学生则在应试体制下被动接受灌输式的教育，只有顺从地“刷卷”和遵从考试“套路”的标准答案，才能考上重点学校，才能博得家长和社会的青睐。这样的师生关系仍然是不对等的主从关系，教与学是严格控制下的顺应与服从，只讲老师尊严，很少关注学生自尊，教育已然成了训示的工具。然而时代已在悄悄变化，在家里，爷爷和父亲、爸爸和妈妈的关系已不再是传统等级制下的伦理纲常，没有人再为孩子树立顺从的榜样；在整个社会，伴随“我命由我不由天”的呼喊，自我个性开始觉醒，孩子们的自我意识更是不可同日而语。在这样的大环境背景下，即便是强压式地控制住了孩子们的行为，表面上他们也都乖乖听话，但它必然要以损失孩子们内心的兴趣和快乐为代价。“教育共生关系”就是要尝试着改变这种严格管控下的教学顺从关系，让孩子们也得到平起平坐的尊严和尊重，从心底里激发他们自主好学的天性，让他们在学习中不仅能够提高想象力和创造力，而且在老师的引领、指导和启发下实现生命技能和精神品格的全面发展。

其三，无论是家庭还是学校，教育的目的不仅要让孩子掌握各种知识和技能，更应关注孩子的心灵世界，培养他们成为精神健全的“人”，让他们真正实现“成为你自己”。“童道”的基本精神是平等与尊重，成年人首先应该改变自己，学会理解和尊重儿童，只有把孩子从“宠物”还原成真正意义的“人”，尊重并呵护每一个孩子的独特人格，保护他们神秘的想象力和创造力，才能创造一个敏感纯真的新世界——一个童年的金色世界。[①]然而现实社会却是成年人掌控的天下，他们要么对孩子严格管教，要么对孩子娇生惯养。特别是现在的家庭，家长大都把宠爱当成了尊重，孩子的吃喝拉撒睡无不大包大揽地替他们全都做完了，不仅自己累得屁颠屁颠的，更让孩子失去了独立自我的精神启迪和潜在能力的锻炼机会，甚至长大之后依然是宅在家里依赖父母的“巨婴”。怀特海的《教育的本质》和杜威教育理论都曾指出，教育的目的是激发和引导孩子们的自我发展之路和不断成长的能力。大多数儿童教育专家几乎异口同声地呼吁，不要替孩子做任何他们自己能做的事，不必要的帮助是自然力发展的最大障碍，人们的心智和精神力量是伴随他们的各种运动和劳动相互渗透共同发展的。如果我们替孩子做完了，就剥夺了他们通过自己的体验来发展出对自己能力的信任的机会，反而会助长他们对别人的依赖并形成人格上的任性，当别人拒绝侍候他们时，他们就会感到难过甚至失去信心。这样的孩子期待的是这个世界为他们服务，而不是他们为世界服务[②]，他们对待别人也就不会有发自内心的尊重。林真好小朋友第一次自己坐公交车上学时，她妈妈担心得像是热锅上的蚂蚁，直盯着手机屏幕，看着孩子携带的定位信号走到哪儿了，没曾想孩子放学回家高兴得蹦高蹦高的，因为她体验到了自己心智深处未曾被发现的潜能和力量，那是她依靠自己的力量战胜了困难所得到的快乐。“童道”就是要在尊重的基础上把自主权还给孩子，家长和老师的任务主要是呵护、指导、启发和帮助，让他们真正获得信任和解放，在自主的游戏、劳动和学习中实现自我发展，在自由与管教的协调与平衡中健全地“成为一

① 蒙台梭利．儿童教育手册［M］．北京：中国妇女出版社，2012.

② 以上参见怀特海《教育的本质》及尼尔森《正面管教》等书，分别由北京航空航天大学出版社及京华出版社出版。

个人”。

其四，认清数字化网络智能的时代特征，在瞬息万变的颠覆性社会环境中，把创新型思维为主导的想象力和创造力作为培养教育的主要目标。蒙台梭利有句箴言：“儿童具有一种未知的力量，这种力量可以引导我们进入美好的未来。”教育必须引导儿童面向未来。而未来需要什么？是知识，是技能吗？没错，人类到什么时候都需要生活、工作的基本知识和基本技能。除此之外，现代“巨变”的社会更需要人们的想象力和创造力。2013 年《财富》评选出世界五百强企业最需要的三种能力是团队合作能力、解决问题能力和人际交往能力，而在 40 年前这三种需要则是阅读、写作和算术。时代变了，教育也应转变。培养孩子一方面要教给他们普通的知识和技能，但更重要的是要发掘孩子们内在的力量，让他们养成专注的自我学习与独立思考的作风和习惯。儿童心理学早已揭示，孩子们的吸纳力、学习力和自由想象的创造力，远远胜过我们成年人，反倒是家庭、社会和传统的教育扼杀了他们的天性，让他们成了只有知识和技能的生物机器。如伊恩和瑞恩在《教育未来简史》中所说：“最令人痛心之事莫过于我们本着一片良苦用心，到头来却发现我们精心培养的竟是昨日之人，而非未来公民。”“童道”要求我们平等、尊重、独立、自由地看待孩子，他们的天性需要呵护和发扬，而不是扼制和毁灭，只有这样才能保护好儿童极其隐秘而又丰富的心灵，让他们真正成为适应未来发展的具有创造性思维的有用之才。

没有人不重视教育，但我们却常常忽视教育应从娃娃抓起，孩子的心智成长过程才是人的一生中最为关键的宝贵时期。教育不仅仅是为了掌握知识和技能，在数字化的现代社会，人们很容易通过网络等科技手段轻而易举地获得各种信息和知识，重要的是具有掌握各种知识和技能之间相互联系的综合能力与创造能力，而这正是需要从呵护孩子的最丰富的想象力做起。这种呵护首先要求我们给孩子以信任和尊重，学会放手和解放孩子，这就是“童道”——在平等相待与相互尊重的环境中让孩子成为“人”的儿童之道。

回味“童道”

一位正装母亲翘首喊道：“看，我儿子多带劲儿！”几位接孩子的家长便向操场望去：一位神气十足的班干部在号令同学排队放学。“站好！不准说话！再说话我就不准你们放学！”别的班都走了，他们班还在那儿站着。队伍有些骚动，有人嚷道：“放学了，凭什么不让走，谁说话你留谁，我又没说话。”“不行，我说不能走就不能走。”这位神气的小伙子，正是她儿子。

这是七年级学生放学时的一幕。有几位学生出来时怨声载道，几位家长也等得不耐烦，只有那位母亲一脸的得意。

这母子俩的心情为什么跟其他人不一样？初中学生放学时还有必要像小学生那样排队吗？

没过多久，我又看到了同样的一幕，只不过这次换了另一位班干部，个头没前任高，也没那么壮实，但语调似乎更高、更坚定了。等待的家长依然一脸的无奈，新干部的父亲像是在机关工作，同样的得意满满，仿佛自豪地说：“有股劲儿，是当领导的料。”

从小学到中学，想一想那些班长干部，在他们代理老师行使“权力”时，几乎都是一副威严的权威模样，发起号令来俨然是个小领导。回想自己小时候，好像也是这样当班长的。这倒是应了罗素那句：如果有可能人人都想当上帝。客观上孩子多了难免吵吵嚷嚷，你没点威严还真怕没人听你的，即便是班主任，遭学生捉弄也是常有的事，这说明当老师或是当领导，摆出一副威严的架势有时也是必要的，不然你怎么“镇”得住学生或下属呢。我甚至认为，简·尼尔森的“正面管教”主张废除惩罚，似乎有点“和善”过头了，没有惩罚怎么能建立起规矩？这就如同一个国家没有了法律，整个社会非乱套不可。人的纪律性和法律意识都应从小抓起，要让孩子懂得，一个人的自由和权利是以不损害其他人同样的自由和权利为前提的，在课堂上大喊大叫调皮捣蛋，已经影响到其他人的学习权利，而老师对此却无能为力，不能不说这与缺乏相应的惩罚措施有一定关系。

问题在于，威严或权威是否就等同于发号施令式的管制呢？难道就没有别的办法行使班长或班主任的“权力”吗？我记得中心小学有一位李老师，她手术后跟我妻子曾住同一间病房，闲着时常讲起她那些四年级的孩子们。她的“威严”是在“爱”上体现出来的，她常常自掏腰包买一些小礼品和糖果，放到一个罐罐里，让全班同学都能看到，表现好或是有进步的学生就会得到奖励，没有得到的她便私下里进行心理疏导，鼓励和帮助那些“熊孩子”和困难孩子。在她眼里每个孩子都是小天使，虽然存在个体差异，但绝没有好坏之分。所以一学期下来，绝大多数的同学都得到过各种名义的奖励。看她手机里那些孩子的照片，个个灿烂得像朵花儿，尤其是那些毕业多年了仍回来看她的学生，每每让她激动不已，虽然她的病体已经瘦骨嶙峋。讲着讲着她眼里噙着泪花，轻轻地说了句：“这些孩子真的很好玩儿。”

另有一位班主任则刚好相反，她严厉地规定学生下课时不准站起来，不准说话，她不在时不准上厕所，上厕所须请假，回来晚了不准进教室，有的学生在教室里一坐就是三个多小时。真不知这位班主任自己坐上几小时不动会是什么感觉？为什么同是一所学校，同是一个年级，班与班会有如此差别呢？可知每一位家长和每一位老师肩负的责任和使命有多重要吗？成年人以什么样的方式对待孩子，他们就会以同样的方式对待同伴，将来还会以同样的方式对待他们的下级、员工或是学生。孩子们起初并不知道应该怎样对待伙伴，那些“小权威”“小领导”其实都是老师和家长的影子，他们是以模仿家长和老师的方式来展示自己“组织才能”的，他们同样也有自己权力欲望得以满足的心理愉悦，他们在发号施令和监控管制的环境下成长起来，将来有了类似的情境也只能是以同样的方式对待周围。如罗素在《论教育之目的》中所说：“只有学会服从的人才懂得命令别人。”儿童教育实际上也是在重演和升华人类文化，如果环境使他们习惯了一种方法，甚至不知道还有其他组织管理的方法和模式，那就只会有重演的同化而不会有升华的创造。在家长制的家庭环境中，在发号施令和严格管控的社会氛围里，孩子们将来无论身处何种组织机构或工作岗位，都很难超越成长过程中环境赋予他们的个性与作风，更不可能形成心理学家弗洛姆所说的精神健全的人格，也不会产生马斯洛所说的人本主义的

“开明领导”和“开明管理”。

当我们是被管理者时，希望的是开明管理，一旦成为管理者，却又不知不觉地再现了“小领导”的神气，而这一切都源自我们的成长环境。我们需要集体主义教育，也需要面向个体的教育，而面对未来更加需要的是彼此平等与相互尊重地成为“人”的教育。集体和个体如何共存共在协调融合，不仅是一个理论问题，还是教育实践问题，这正是我们应该从家庭、学校起始，一起努力共同践行平等与尊严的“童道”，一如康德关于教育的一句名言：“人只有靠教育才能成为人。”

天使的小车

寒风中，天色阴沉，路上的车辆和行人寥寥无几，没有了往年大年初三串门走亲戚的热闹场面。

武汉，一场疫情，已经封城有些时日了，人们响应号召都宅在家中。

宽大的马路上有一辆农用三轮车向市内驶去，“突——突——突——”的马达声，衬托着原本喧嚣的街道显得格外冷清。

一会儿，小三轮车停了下来，向街边执勤的社区人员问了问路，“突——突——突——”又继续向前驶去。

一路行，一路问，开车的人露在口罩外的脸和脖子，被寒风吹得红红的，眼角偶尔也被吹出几滴泪珠，有些破旧的外衣时不时伴着小车马达声“呼——呼”作响。

开了40多公里，小车终于在武汉卓尔万豪酒店门前停了下来。开车人看了看门前的横幅，上面写着“热烈欢迎北京190名医疗战士入住酒店”“感谢上海210名医护人员鼎力相助”。他知道没走错，就是这儿啦。他下车急忙叫来工作人员，指着车上24箱蔬菜说：“听说医疗队住在这里，我送些新鲜的菜来。”

工作人员要给他钱，他坚决不要，他松了口气说：“这是最新鲜的，我只有这么多了。”

在场的工作人员哽咽着说不出话来，都哭了。

“突——突——突——”小车开走了。工作人员回过神儿来：“他叫什么？留电话了吗？”

门口管理处登记着：他姓秦，45岁，农民……

寒风还在吹着，可人们一点儿也不觉得冷，仿佛春天来了似的，是小车拉来的。封城，封不住善良，更封不住人与人之间的真情联系。战“疫”需要医疗战士，战士需要吃住，食物需要农民，送菜需要小车，小车需要燃油……原来我们都是被“小车”联系起来的一张大网，是病毒更让我们看清楚了，我们都离不开这张大网，它是那么友善，那么密切地紧紧相连。

几天后，由解放军组成的庞大车队，从湖南、海南、山东、四川……从全国各地，将最新鲜的蔬菜和其他援助物资，源源不断地运到了武汉。是车，成了疫情中的善良天使，将真情向人间一一传送。

说明：

2020年2月5日，微信群里有一篇“武汉疫情暴发12天：这17个普通人的故事……”，其中第一个就是秦师傅送菜。寒假快结束了，小学还不能复课，刘艳老师通知学生在家写一篇抗疫的作文，第二天要交上去。林真好小朋友很快便写了一篇，题目是“人和社会、小草和草原”。我看了，其中有秦师傅送菜的故事，觉得“理”讲得不错，题目也说得过去，只是“情”稍显不足。于是，我借题发挥演义成了这篇短文，用以跟小朋友一起切磋如何以小见大、写情、写理。妈妈看了说：“不错！我都看哭了。”其实我写到“都哭了”时自己的眼泪也滴在稿纸上了。半夜醒来辗转难眠，索性起来将此文整理入书，谨作“抗疫”纪念吧。

次日清晨（2月27日），受我讲解的启发，林真好小朋友在没有看到此文的情况下，又写了一篇，题目是“封不住的春天”，挺有情趣的，一并收录如下。

其实，武汉封城后，本地菜农的菜本来能卖得很好……

让我们记住他：**秦师傅，45岁，武汉的一位菜农。**

秦师傅，你的菜，不但营养，而且暖心。

感谢有你。

封不住的春天

五四路小学六年级三班　林真好

大年初三，北风呼啸，这是封城的武汉。

街道冷清，只有几个人匆匆走过，竟有了一丝凄凉。

在武汉卓尔万豪酒店，住着从北京、上海赶来支援武汉的医疗队，总共有400多人。

本该是热闹的春节，天气却异常寒冷，加上病毒肆虐，大多数人选择自觉待在家里。但街道上一个身影却引起了人们的注意。这是一位农民，他开着一辆破旧的快要散架的农用三轮车，直奔酒店而来。车上装的，竟然是整整24箱绿油油的新鲜蔬菜，为灰蒙蒙的街道上增添了几抹突兀但美丽的生机。

这个农民想要捐出他的蔬菜给医护人员吃。他不会用导航，也没有导航，又不识路，竟是一路问着问着赶了 40 多公里来到酒店的。他的脸和手被风吹得通红，睫毛上结着霜。

尽管很冷，但他还是很开心，笑着对酒店的人说："听说来支援武汉的医护人员住在这儿，就想赶来给你们送点东西。我没钱，也没别的，只有这些菜了。本来是要拿去卖的，听说你们来支援武汉，就想着不卖了，把菜送给你们，这是最新鲜的，我只有这么多了！"

他坚持不要钱，说这菜是送给医护人员的，是自己的一点心意。

这个朴实的农民，他说的话，没有豪言壮语，没有华丽辞藻，甚至对医护人员只字未提"感谢"二字，却是最真实的，让在场的所有工作人员都潸然泪下。他做的事，算不上惊天动地，但他，以其朴实无华的善良，却值得我们时时刻刻铭记。

让我们记住他吧：秦师傅，45 岁，武汉的一位菜农。是他那车冬天里的最新鲜的绿菜，让我们感受到了温暖，让我们看到了封不住的情谊相连，看到了封不住的春天。

老邻居

曹阿姨是我小时候老家的邻居，她的先生姓唐，唐叔叔是军人，复员转业后被分配到了三线工厂，阿姨是军人家属，工厂给她也安排了工作。曹阿姨和唐叔叔有三个孩子，两儿一女。

小时候我们住的是工厂单位分的房子，20 世纪 80 年代的预制板房是由厂里基建科自建的，三幢并排，一幢有四层楼，一层四户，每层入户门前是一个通长的大阳台，下班、放学人们从楼梯间登上阳台，便各回各家。有了这个大阳台，邻里之间走动就频繁且亲切了起来。特别是，在吃午饭或晚饭时，爸妈把饭一做好，盛到大海碗里，浇上菜，我们便端着碗到阳台上去吃，边吃边和邻居的孩子们吹吹牛，互相品尝品尝各家饭菜的风味。小时候我不太爱吃肉，曹阿姨家三娃子哥哥可是个“肉精”，一天吃不到肉就有意见，对他爸妈说：“怎么啦，咱家都穷到这份儿上啦？连肉都吃不起了吗？”那时候工资低，有三个娃的家庭除了生活成本，还要供养老人，哪有太多钱天天吃肉呀。阿姨那时候就特别地喜欢我：“环环是个回子（回族人，不吃猪肉），真给你爸妈省钱！”

夏日的夜晚闷热无比，家家都搬老竹椅子（我家的现在还在，已经包浆了），放到公用阳台上，边打蒲扇边聊天。印象中曹阿姨特别会聊天，她那时犯脚气，天天晚上忙完了家务，就坐在阳台的竹椅子上，把双脚泡在一盆红红的药水里，同邻居们摆龙门阵，内容丰富多彩，家长里短，历史神话，老家奇闻逸事，等等。小时候的我非常爱听曹阿姨摆龙门阵，经常是瞪大眼睛听到困得不行，回屋上床后不关大门，只把外面的纱窗门用铁钩一钩，在夏夜徐徐的凉风和着曹阿姨的川音中进入了梦乡。阿姨讲的事情中印象深刻的有两件：①她女儿兰兰有怪癖，大夏天的睡觉还要盖个厚被子，不嫌热，捂得严严实实的，不晓得为什么；②她家唐叔叔参加过对印度的战争，战争场面很惨烈……阿姨的四川龙门阵陪我度过了无数个美妙的夏夜。

还记得有一次，在阿姨家玩，阿姨做饭时切肉，不小心切到了食指，血流如注，阿姨说没事，把手指包吧包吧又开始干活了。我的农村的爷爷奶奶来家，当时我家里只有两间小屋，住不下，姐姐就去阿姨家和她女儿挤一张床睡，住了快一个月。有一天晚上，我在梦中迷迷糊糊地起身就开门出去了，习惯性地出门往左走，进了阿姨家的门，蹲在地上用手画圈，阿姨那时已经上床了，问我："环环你在干什么？"我回答说："我在你家玩。"出门时妈妈被我的开门声惊醒，追出来把我领回了家，那真是我人生中唯一一次梦游。

公用阳台的围栏是用钢筋组成的一个一个倒八字形。小时候的我实属呆萌，智商偏低，只记得有一次因为好奇，把头从阳台的倒八字钢筋上部伸了出去，不知不觉中，头向下移动后想往回缩，哪里还缩得回来，就那样卡在那里好久，急得满头大汗。三娃子看见了，帮我把头往上挪，终于取了出来。一年级时学校组织参观厂区，我们到阿姨工作的排版印刷车间，阿姨的工作是排活字版，好有意思，一个个的小铅字块块，可以自由地组合印刷。临走时，阿姨悄悄塞给我几本空白的书写本当礼物，让我拿回家当草稿本用。

后来单位给我们家分了新房，我们搬到了工厂的北区，还是常和阿姨家有走动。1997 年我大学毕业后，在东北生活工作了近二十年，回四川家乡的次数比晨星还少。2017 年春节，我和老公带女儿开车回了家乡，陪父母游玩，同学聚会，忙得不亦乐乎。和妈妈聊天中偶有提到曹阿姨，妈妈说阿姨退休了也不闲着，自己开荒种了好多菜，陆陆续续给我们拿了几十斤，全是纯天然的绿色蔬菜。我们在老家待了六天，计划第二天返程，突然门铃响了，开门一看，竟是我亲爱的曹阿姨。她拎着礼物，说前几天在我家楼下看到了辽 B 的车，三娃子判断说肯定是环环回来了，就一直想来看看我们。昨天晚上发现我们的车好晚都没回来（因为我们去阆中古城回来晚了)，阿姨还以为我们回东北了，好一阵失望，没想到又看到车停在楼下，于是就马上跑来了。我内心一阵惭愧，本应去阿姨家看望他们全家的，却让老人家亲自上门来看我们。当晚我们摆了好久好久的龙门阵，阿姨的孩子们都已成家立业，阿姨最大的孙女已经要考研了，小孙子已经上高二了，每个孙辈上大学，她和唐叔叔都出了一万元。最近自己拿出一辈子积蓄买了一处70平方米的新房加上装修就没剩多少钱了，小孙子经常背着爸妈管她要钱，心疼孙子的她也只好瞒着儿子给钱了。阿姨新房的家电是三娃子给买的，电视和有线的遥控器他们老是搞不清，经常弄得没图像了只有滨娃子（小孙子）上门给调；三娃子给买的洗衣机，功能按钮太多，老年人真搞不懂怎么用。我说："阿姨，您老了真幸福，马上享受四世同堂了，儿孙们会好好孝顺您的。"

阿姨走时，我把从老家带的特产送给阿姨，她死活不要，推辞了好久才拿上。阿姨说："环环，祝你们一路平安呀，多回老家来看看吧！"她下楼那一刻，看着她苍老的背影，我瞬间泪奔了。

"妈妈！看，红包！"福娃举着一个红包对我说，是曹奶奶给的。打开一看，500元崭新的人民币……

再见，我亲爱的老邻居阿姨，请您老一辈儿一定保重身体，下次回来我一定去看望您。

（本篇作者：徐照环）

改变，离不开外部力量

现在的小学生几乎每天都考试，有“大卷”“小卷”的。妈妈曾劝林真好：“答完题了，多检查几遍，你就会得满分了。”可是每次没能得满分的卷子拿回家后，妈妈都发现错误之处不是因为不会或不懂，大都属于“马虎”的低级错误。妈妈不无生气地嗔怪道：“不是让你多检查几遍吗？怎么答完题又这么交上去了呢？”林真好有些委屈地说：“我检查过了，而且检查了好几遍，我没觉得有错呀？”妈妈气得一时无语。

没有发现错误，是因为她不认为那有错误。当她认为那是对的时候，检查十遍、百遍结果都是一样的。她并不是不愿意改正错误，而是她没有发现错误，或者她根本就不认为那是错误。当她面对批改过的考卷时，经常一下子恍然大悟：“呀！这么简单的题，怎么会错呢？”妈妈气得举起手狠狠地轻拍了一下她的脑门：“呀！呀！呀你个头，能不能不再马虎啦？”

很多时候并不是人们不愿意改正错误，心理学家们大多认为人们天生就有纠正误差的向好倾向，前提是你要认识到哪些是误差或错误。而若想让人们认识到误差或错误，有的时候外部力量或环境因素便会起到重要的作用，就好比鸡蛋给了它一定的温度环境就会孵出小鸡一样。温度环境即是外部力量，或称“外因”，鸡蛋是“内因”，两者之间是相互作用的关系，要想孵出小鸡，离不开鸡蛋，也离不开适当的温度环境，两者条件同时具备且协同关联，才可能诞生新的生命。老师对试卷的批改就是一种外部环境、外部力量，它会让学生如醍醐灌顶，促使学生忽然“顿悟”开朗起来，好似鸡雏破壳而出。

主体的改变离不开外部力量，外部环境可以影响主体，主体也可以营造环境。“内”因为外部环境而起变化，“外”因为内在因素而起作用，内外合一，便是人类生存的至高境界。这种合一既是内外的合一，也是个体与集体的合一，人类与环境的合一；既是自私与无私的融合，也是进步与退步的交融。万事万物都是有机互联的，它们相互依存，共生共在！

干企业的，懂得了外部的力量、环境的影响，就会关注“工作场所的精神性”，营造“企业人性面”的工作场景，让人们在舒适而快乐的环境中工作，工作不再是命令与服从、上级与下级、控制与劳动的关系，而是人人自我实现、主动创造、彼此协作、协同共进的共创共享关系。在这样的工作环境中，工作不再枯燥乏味，传统的雇佣关系被兄弟式的伙伴关系取代，个人和公司的价值目标已达成一致，形成了“开明企业”的理想境界。心理学家马斯洛的 Z 理论就是要打造这种开明的外部力量，他说：“有关开明管理和人本管理的所有实验，都可以看作来自这个观点，即在这种兄弟关系情形下，每个人都会成为合伙人而不是雇员。”Expcdia 软件负责人理查德·巴顿更是把这种场景中的工作心情说了个明白：“工作并非工作，它不过是碰巧能拿薪水的消遣而已。”与其一味地抓生产、抓控制、抓效率，为什么不潜下心来去打造一个能让人们自觉释放各种创造潜能的工作场景呢？

人是环境产物，没有人能超越环境而丝毫不受其影响；人又可以改造环境，环境也正因为人的影响而发生着变化。外部力量可以改变人，人也可以改变社会。我们原本都是善良的天使，也是自私的魔鬼。不同的外部环境力量，可以发扬我们天使的善良以抑制我们心中的魔鬼，也可以抑制我们善良的天性以激活原本正在打盹儿的恶魔。战争年代杀人无数的刽子手，和平时期转身变成了慈善家；法国大革命时期凶残暴虐的斗士，后来却成了倡导自由、民主、博爱的思想家；著名作家巴金曾是激进的“反对胡风反革命集团”的工作组组长，改革开放后他写下了《随想录》以示忏悔之意。没有人是座孤岛，人人都受外部力量的影响和制约，同时也是这环境中的一分子。在外部环境力量的影响下仍能坚守“自我”而不被改变的，往往都是少数，“腐败”的普遍存在已经说明了这一点。人性中的致命弱点就是容易“随大流”地服从，从而形成《乌合之众》所形容的“集体无意识”或“群体愚昧”。怎样才能营造出激发我们内在的善良天使的外部环境力量，让更多的人面对外部力量的影响时仍能坚守“自我”而不再让他们成为少数，不正是我们应该一起努力打造的“外部力量”吗？

老师批改试卷是一种外部力量，我们每个人的一言一行一举一动，对他人以及周边环境都是在输出一种“外部力量”，当所有的人都能施予积极、向上、慈爱、尊重、合作、共生的“外部力量”时，我们每个人都在改变和被改变，都将变得平凡而伟大，博爱而自由，这不正是人人都向往的和谐、美好吗？！

输出你的力量吧，善的力量！世界将因你而改变！

给女儿的一封信

我的宝贝儿：

你还在梦中，我已醒来。你还在梦里微笑着喃喃呓语，我却因为心中有话要说，再不能入睡。

记得我说过，在《共生管理》中也提到过，“失败是成功之母”不够完善，应该是“被总结的失败才是成功之母”。有了强劲的对手是好事，被总结了的失败就不再是坏事。强劲的对手可以成为榜样，能让你学到新的东西，被总结了的失败能让你获得新的认知和经验，会让你更加接近成功。

近来你两次数学考试都有两道大题未答，这不像曾经考入前三名的你，我以为有两种可能，要么是时间不够来不及答了，要么原本就不会，一时答不出来。而这两点都在说明一个问题，那就是你的数学在最近一段时间里未能达到滚瓜烂熟的效率，有似懂非懂的难题存在，你却放过了它。在我看来，这正是需要总结的。

首先，你是否最近一段时间对数学重视的程度不够，给它学习和练习的时间少了呢？我想这尤其是需要你思考的。数学是科学之王，无论是理科文科，数学都是你思维逻辑的基础科学，甚至宇宙万物都可以用数学模型来加以解释，万物归根结底到最小单位，本质都是一样的，只是组合变化的数学比例模式不同，才呈现给我们千变万化的丰富多彩。这一点你是知道的，或许并非你重视不够吧。

其次，学习和做事一样，说到底都是一种心理的较量，喜欢学什么不喜欢学什么，喜欢看什么不喜欢看什么，遇到难题是高兴还是厌烦，不懂的地方是自己苦苦思索还是寻求现成答案，其实都是心理上的、性格上的、意志上的、作风上的自我较量。你作文多次得到表扬，还时常上台宣读，这是否会让你更加喜欢语文？有在心里问过自己吗？数学有了难题，你有过苦苦思索自己解答后的快乐没有？还是把你难得如坐针毡，烦躁不安地去搜寻现成答案了？有在心里思考过这些吗？

我想你有的。以你的天赋很多事情你都有感觉、有体验，没错吧？喜欢什么不是坏事，有喜欢、有重点又能全面兼顾，这才是学习的王道。你常提醒我“要跟上时代”，未来时代的知识结构是交叉综合的，偏科了可能就要出问题，就像老爸英文不好，理科尤差，在很多问题的终极思考时就会受限，就会“力不从心”，这一点你也是知道的。所以在打基础的学习阶段，知识结构是万不能偏科的，你说对吗？

不畏艰难，知难而上，是一种优秀的品质。学习是对未知世界的好奇，是对解开谜底的惊喜。对未知的事物通过努力找到了答案，通过学习有了新知，通过实验得到了新的证明，通过反复演算解开了一道难题，通过天文观测发现了一颗新星……这才是学习、研究的快乐所在，也是认知生命、认知社会、认知宇宙的人生真谛。当把学习、读书、做题、写字看作是一种生活方式，是一种人生乐趣时，其实你已融入世界，成为宇宙中的一部分，并且拿到了理解世界和探知宇宙的钥匙。

我的宝贝儿，在老爸的眼里你已非常优秀，若能经常总结，善于反思，你会更加优秀。之所以时不时地提醒你，甚至还以我们共同探讨的“童道”严厉地要求你，我想这大概就是你人生历程中一定要出现的某种“预兆”吧，如《牧羊少年奇幻之旅》中多次重复提到撒冷王的那几句话：

> 你已经能够完成你的天命了。
>
> 因为在这个星球上，存在一个伟大的真理：不论你是谁，不论你做什么，当你渴望得到某种东西时，最终一定能够得到，因为这愿望来自宇宙的灵魂。那就是你在世间的使命。
>
> 宇宙的灵魂是用人们的幸福来滋养的，又或者是用人们的不幸、羡慕和忌妒来滋养。完成自己的天命是人类无可推辞的义务。万物皆为一物。当你想要某种东西时，整个宇宙会合力助你实现愿望。

我亲爱的孩子，决定你未来人生的，不是一时的考试高分，不是读上清华、北大、牛津、哈佛，而是你能否时时自省，深刻地认识并战胜你自己。

你能的，老爸相信你。

爱你的老爸

2020 年 11 月 20 日晨

爆表

嚓——嚓——嚓——嚓——

钟表的秒针急切地跳着，离07：40就要“爆炸”仅剩下30分钟。

屋里的人仍不见动静，没人走出。

嚓——嚓——嚓——嚓——

时间走得更快了。仅剩下10分钟。

人出来了，又进了另一间房，依然没有离开“危险”的表示。

10分钟过去，时针已经越过07：40，终于“爆表”……

嘭——爆炸了。

炸的不是房子，而是家长的脑袋……

这是很多家长都有过的感受。孩子从叫起到下床，不磨叽个几十分钟是走不出房门的。

“磨叽”，这个词大概就是为此而诞生的。像石磨一样，原地打转，再不肯有别的动作。

原位，惯性，当你不改变时，这就是宿命。而习惯的力量竟如此强大，即便是一颗定时炸弹就要爆炸的紧急时刻，他也若无其事，不慌不忙，依然按照自己的节奏行动着，旁观的人已经急得火烧火燎，甚至急得大呼小叫，可他仍像《疯狂动物城》里的树懒那样慢吞吞地说：“我——来——了——”

习惯，这就是习惯，有些让人无奈的习惯。

习惯如此重要，以至于人的大部分行为都受习惯支配，可大多数家长却并没有重视对孩子习惯的培养，看重的仍是怎样教孩子认字、数数、弹琴、画画……直到孩子上学之后，你不喊着，他便不学习；你不逼着，他就不写作业；他想写作业，课本却不知哪儿去了。家长这时又有些“蒙圈”地大叫：“这孩子怎么这样？”“这孩子像谁呀？”

孩子像你，又不像你。他只是他自己。但他的习惯养成却多半与你有关。你坐着时爱跷二郎腿，他长大也跷；你没事时便“切”在沙发上，他长大“切”得比你更有姿势；你办事干活拖拖拉拉不紧不慢，他长大后的行事动作便不可能干净利落；你看待事物墨守成规木头一块，他长大了又能灵活到哪里去？孩子认识世界的学习能力首先是从模仿开始的，孩子的性格习惯绝大部分是复制品，是从父母和家里身边的其他人那里一篇一篇地拷贝下来的。复制品没有错，错在原件上。原件和蔼温柔，他不可能浮躁暴戾；原件呼天号地的，总有一天他会把这还给你，还会送给别人。所以，首先应该反思的是我们大人自己，做好自己，是对孩子最好的教育。由此言之，对孩子最好的教育，是示范教育，是“不言之教”。

除了“养成”，很多习惯又是“爱”出来的。很多家长以为对孩子好就是爱，甚至以为满足孩子的需要就是爱，怎样才叫真正对孩子好，什么才是正确的爱，却是他们很少去想的。天下父母没有不心疼孩子的，在孩子玩得正高兴时，虽然已是晚上 10 点多了，但是又怎么舍得叫停或是强迫他停下呢？看着孩子睡得甜甜的模样，尽管太阳都照到屁股上了，又怎么忍心叫醒他呢？孩子晚睡、赖床的习惯于是便一天天地被父母“疼”成了。孩子想吃什么，想玩什么，想要什么，你都尽量满足他，因为你爱他，殊不知久而久之，以自我为中心、自以为是的任性性格就这样不知不觉地被“爱”出来了。孩子正在专心地玩他的书，堆他的积木什么的，妈妈爱孩子端来了一杯水，你也爱孩子一会儿又上来一碟水果，爷爷更爱孙子干脆直接来教他“这个不是这样的，应该这么玩”。日积月累的结果，是孩子不再专心，更不愿意自己动脑筋了，而是变成了“多动”“多玩”的孩子。[①] 孩子还小，起床时你帮他穿衣扣扣儿、穿鞋系带、被子叠好，吃完了饭又有人来收拾“残局”，慢慢地便是衣来伸手，饭来张口，做饭

---

① 孩子上学后遇到难题便直接在网上找答案，同样在培养其不愿意动脑筋、不愿意独立思考的学习习惯。

扫地之类的家务仿佛都与他无关，一个生活不能也不需要自理自立，不懂得关心他人，更不知道什么是感恩的“巨婴”就这样一天天地被“宠”肥了。人们原以为有爱就好，竟不知爱也会造成伤害，甚至“爱”本身就是一种伤害。这种“爱”人们常称为“溺爱”，爱过头了往往会造成更大的伤害。

做父母的“好”也不对，“爱”也不是，那该怎么办呢？人的本性总是要“好”、要“爱”的。关键是什么叫“好”，什么叫“爱”。“不管”就不叫好，“严父”就不是爱吗？不是的。管得多了很容易就变成了“溺爱”，这时“不管”反倒更好，给孩子自我空间，反而能让孩子养成独立思考、自主自立的品格，这对孩子的一生可能更加重要。“不管”也是一种“管”，重要的是什么该管，什么不该管。很多重要人物或著名科学家，常常都是出自“大家庭”中，兄弟姐妹一箩筐，父母管不过来，只有靠自己，反倒把孩子锻炼成独立自主的习惯作风，爱迪生就是“老七成才”的最典型代表。孩子没有自理自制的自学空间，没有独立思考的自律习惯，而是整天在妈妈的监护之下，不是泡在课堂上，就是待在补习班里，面对的都是标准答案或格式套路，是断不会造就出科学家的。这大概也就是儿童教育学所说的“放手”吧。

“爱”也一样，俗语说“严父出孝子”“易子而教多成才”，严父不是不爱自己的孩子，而是他们能够“藏爱”，懂得立规矩，在对孩子好的同时，更要让他们遵守规矩。所谓规矩，就是好与坏、对与错、是与非的判定标准，是什么可以做、什么不能做的人生底线。帮孩子没错，但不能代替，让孩子自理自立可能更能代表爱。人心都是肉长的，一般人对自己的孩子都“狠”不下心来，于是便有了“易子而教”的古法。现今许多孩子从小就出国留学了，寄住在别人家里，很快就懂得了什么是规矩，这跟“易子而教”很有相似之处。立规矩容易，照规矩带孩子可就难了。看着孩子穿不上衣服，或是受点委屈时的可怜样子，大人自己首先心就软了。“严父”就是能够狠下心来执行“规矩”的家长，一个“严”字从另一面体现了天下父母更深层的爱——懂得如何“藏”与“狠”的爱。

“爆表”了，也就是越了规矩，过了底线，虽有些无奈，却也是冰冻三尺非一日之寒。“爱”有其自身的逻辑，那就是“随性之爱”与“理性之爱”的中和平衡。太爱，爱过了的“随性之爱”便是溺爱，反会造成伤害，甚至是更大的、终生的、不可逆的伤害；“理性之爱”，若是爱得不够，则又可能在安全感、自信心方面不利于孩子的心理健康。习惯是培养起来的，因而也是可以改变的，改变习惯的唯一方法就是用一种习惯取替另一种习惯。管与“不管”、宽与严、爱与“藏爱”、“随性”与“理性”，原本是相互依赖、互为依存的，它们之间的适度和谐与共存共在，正是带孩子乃至人生教育的中和艺术。

无知和有知的互证与共生

有这样一种人，一旦有了些微发现，便像发现真理或珍宝似地大呼小叫，一定要让别人知道他的发现有多了不起，他看到的，他知道的，他认为的，那一定是正确的，是要让别人认真听取和掌握的。倘若你稍有怠慢，或是稍有不屑的表示，他就会生气，认为你无知，没文化，而且不好学。这些“发现”有的还真是个发现，或是报纸上的，或是微信里的，或是某个达人圣贤说的，或是他自己心有所得的，不管你怎么看，反正他认为那是好的，是有意义的，抑或那就是唯一的真理。他现在想让你知道他的发现，那是他想为你好，想把这些好的东西与你分享，你干吗不领这个情呢？也罢，你不领情也就算了，为啥还说他的发现不是发现，为啥还说那不是什么新鲜东西，又为啥还说那可能是错误的呢？他越是搞不明白你的想法，就越要证明自己的发现，他越是想证明自己的发现，就越想和你争个明白。于是乎，争执、辩论开始升级，而且像是“打滚子”扣了大王一样跳着升级，直到不欢而散。

其实这也是心理学上的一种强迫病症，是每个人都有的权力与控制欲望的外现，是心理不健康的一种表现。这种病症的来源是内心深处缺乏先天性的自信，因为缺乏自信，所以他更加需要证明自己的存在，而这种证明是必须要通过其他人来实现的。他的大呼小叫的发现，很是需要你来呼应的，你的响应就是对他存在的肯定，他会增加自信甚至平添一份自豪感的。你若响应不够积极或轻描淡写，他的心理就会顿生些许失落的感觉，要么因一丝不快而使自信心备受打击，要么奋起反抗与你争个高低，直到用爆发式的激烈行为来找回自己的存在尊严。

这种求证心理也是腹中无知的外露表达。人越是无知，越是缺少自信，就越是想要表达，想要通过表达来证明自己很有文化、多有知识并应该得到怎样的尊重。人愈无知，愈对自己的每一次“发现”倍感兴奋和扬扬得意，也就愈是急切地想要与人分享，求人响应，以证明自己的发现何等重要、何等正确，进而在内心深处获得一次自信与自尊的自我满足。

俗话说：“读书三年天下无敌，读书十年寸步难行。”无知有两种。一种是不声不响的全然无知，如傅雷的贤惠妻子，没有上过学读过书，因此她是从不在傅雷面前大呼小叫有什么发现的。另一种是有声有色的半然无知，也就是一知半解的无知，这是有知的无知，是“读书三年”的无知，是“一知”之后便以为“全知”的无知，是天下大事、宇宙万物无所不晓的无知。这是一种“有知型的无知”，只有这种无知才会一有发现就大呼小叫，才会在酒桌上侃侃而谈，才会在任何场合概念横飞大话连篇地直讲得让人发困。这样的无知有时也会引经据典做出极聪明的表现，因为“读书三年”是人的创造性思维最活跃的时候，也是人的想象力最丰富的时候，因为他已脱离了全然无知，他开始认识人，认识社会，认识宇宙了，就像穿过小山口进入桃花源，一下子有豁然开朗的兴奋。然而再往前走，再往下读，读到十年、二十年的时候，忽然发现人性之复杂、社会之炎凉、宇宙之多彩，远不是“读书三年”时想象的那么简单，若想求证最初一丁点儿的梦想，都是那样的不易，那样的艰难。有意思的是，在你觉得艰难的时候你已超越了无知，你已升华到懂得谦逊的“无知型的有知”，你不再大呼小叫，也没有狂瞽之言了，你正在有知的基础上去探索无限的无知。

人都有无知的时候，不存在全知全能的人，人只是在追求有限的有知。无知并不可怕，可怕的是对无知的态度又构成新的无知，以及总把有限的有知当作无限真理的无知。若是我们每个人都能秉持宽容共处的和美心态，在有人大呼小叫向你展示他的发现时，给他一点响应或点上一个赞，不仅于己无害，对降低这个社会的心理疾病还算是一份贡献呢。如果他的“发现”你并不认同，或这“发现”带有你认为的“负能量”，那也不妨从正面和善地讲出自己的看法，这也是对“求证”者的一种响应和证明，我们为什么要吝啬自己那动动表情或点下手指的一点点配合呢？这个社会不可能没有无知，也不可能只有有知，没有无知也便无所谓有知，有知和无知从来都是相互依赖、相互联系的。我们必须学会尊重无知，敬畏无知，追求有知，让有知与无知交相辉映，融汇共存。无知可以变为有知，有知又可以发现新的无知，无知—有知—无知，循环往复，生生不息。改变无知成为有知的唯一途径，不是清除无知，毁灭无知，而是通过沟通与交流让无知成为有知，并与有知协同走向和谐同一。

没有无知就没有有知，没有有知也无所谓无知。尊重差异才能和谐共存。当心理疾病一天天减少，身心健康一年年增加时，天下共生的理想生活也就离我们不远了。

哈利·波特与伏地魔为什么要斗呢

在一个假期里，林真好小朋友一口气把《哈利·波特》共七册全部读完了。为了奖励她，妈妈让她看了几集改编的同名电影。我记得美国前总统奥巴马也在一次“开学第一课”的演讲中提到了作者J.K.罗琳，赞美她为了写作和出版此书的不懈坚持。林真好小朋友也写了一篇读后感，叙述式的。妈妈为了启发她，把这本书能够在全世界流行的原因总结了一番，重点强调的是作者勾画了一个魔法世界的了不起的创意，以及书中飞行扫帚、自动记录笔和所有情节都能前后呼应等一系列让人耳目一新的奇思妙想。

我一边听她娘儿俩的对话一边在想，罗琳的创意确实值得称道，对孩子们的发散想象也有启发意义，只不过她仍然没能超越伏地魔与霍格沃茨和哈利·波特的二元对立的思维窠臼。既然哈利的身体内原本有伏地魔的能量，他俩为什么一定要斗而不能和平相处呢？如果罗琳能突破一下正义与邪恶、恶魔与天使式的必须是你死我活的对立结构，采用一种你中有我、我中有你、竞争合作、共存共生的内在的价值模式，或许呈现给读者的会是另外一番既惊艳又温和的绚丽景象。

记得一位外国学术权威说过，政治家为了维护自己的权力地位，通常会设计并渲染一个假想敌人或敌国，这样就容易使各种势力和本国人民团结起来共同对敌。文学家们似乎也有这种倾向，为了吸引读者或观众的眼球，也常常虚构一个邪恶的敌对势力，这样他就可以随心所欲地策划出各种各样无奇不有的打斗场面，只有这样才能吸引眼球，一个神勇无比战无不胜的英雄人物才有可能被塑造出来，从而最终实现正义战胜邪恶。2015

年首映的美国华纳公司出品的《木星上行》，是继《黑客帝国》之后的又一部科幻大片，影片更是典型的以地球人的思维模式，虚构了一个宇宙女王和宇宙中最强大的家族王朝，其目标就是通过基因工程和极其残酷的控制手段殖民地球，进而统治整个宇宙。

听起来这些模式化的思维定式都是些老套路了，然而在现实中却屡见不鲜，甚至在情节上仍然是主导文学影视界的主流结构。难道我们人类的天性之中就只有好争好斗的一面吗？回答显然是否定的。生物科学已经证实，就像我们每个人都曾得到过别人的帮助一样，人类的本性中还有利他、合作、共生的美好善良的一面。文学也好，影视也罢，都是在无形中传递和暗示着一种道德情操和价值选择，为什么我们不能更多地展示那些有积极意义的真善美呢？好在我们已经看到希望，许多有识之士正在尝试改变这种你死我活的斗争套路，1960 年上映的美国电影《恩怨情天》，尚以白人获胜而印第安人全部战死为故事主线，而 1989 年上映的《与狼共舞》，题材相似，但结局则完全不同，不仅人与狼可以成为朋友，白人和印第安人也在不同文化习俗下开始和睦相处、彼此融合了。影星成龙之所以广受尊重，除了他的诙谐滑稽的正义打斗场面之外，我想最珍贵的是他对争斗意义的理解，最近上映的《功夫瑜伽》就是在一系列的打斗之后，以和谐共舞的欢乐场面作为大结局的。

时代不同了，融合的呼声正在盖过争斗的传统。从卡勒德·胡赛尼《追风筝的人》的出版，到《孙子从美国来》以及《摘金奇缘》等上映，各种不同文化从冲突走向融合，从相互包容到共生共在，已经成为现今国际文化领域的发展方向。在共存中保留竞争，在竞争中达成和谐，难道这不正是人类的共同愿景吗？

读西方经典的穿越幻想

中华书局、商务印书馆是老牌出版社，它们出的书常常是我的首选。这一段时间我几乎通读了商务印书馆出版的“汉译世界学术名著丛书”中的大部分译著。慢下来休闲，静下来细读，就好像又回到教室里聆听这些思想家们上课，品味着他们娓娓道来的慷慨激昂与细细私语。可他们都生活在一百年、两百年前，甚至更久远。听着听着，就好像他们穿越到了现在，看透了我的内心，针对我的困惑来一一指点。不，是我穿越到了过去，回到了远古、中世纪，抑或是工业革命的近代，因为直到今天，似乎在很多方面我们仍然没能理解或追赶上他们的观念和思绪。是他们超时空地快走了一百年、二百年或是更久远吗？非也！是我们曾经止步，故步自封，没有抬起头来看看他们走了多远，甚或以为我们还在他们前头，遑论追赶？

听听柏拉图、亚里士多德、培根、休谟、斯密、达尔文、马克思、韦伯、尼采……所讲的，多是些正义、人性、契约、自由、平等、资本、法律、人权、博爱、真理之类的理想主义，要么是“一只看不见的手”，要么是“上帝死了”“意义的终结”什么的，比起我们的老子、庄子来似乎玄得更玄了。可再仔细一想，这些话题又似乎是人类都要遭遇的，你绕不过去，也躲避不了，莫不如再细听听，再细想想，说不准经过细嚼慢咽又能品出新的味道来。

果不其然，稍有领悟，反倒开朗起来，有时还会有些穿越回去又追赶回来的自得与思辨。举个小例子吧，我跟他们说，你是高鼻梁、深眼眶、白皮肤，你爱咖啡、我爱茶，我们长得不一样习惯也不同，为什么一定要一个活法呢？你的民主再好那也只是你的，未必适合我，照搬过来那是拿来主义，适合自己的才是创造，“民主集中制”就是把民主意义穿越回来并且追赶到你们前面去的创造，只强调民主容易导致极端个人主义，过于集中则有集权专制的危险，“民主集中制”就是民主与集中和谐相融的平衡机制。我有些得意，在东方除了日本，我总算找出了一个拿得出手的时代话题，可以穿越回去跟他们理论一番了。这穿越来穿越去地让我悟出一个理来，每一种伟大或每一个创造，都是要有一定的时空穿越才能证明的，甚至需要多次穿越反复证明，因为历史经常重复而且惊人地相似。

听着听着，看着看着，一不小心我又穿越到了一百多年前的故国。那时的西方科学技术一日千里，而我那时在想什么呢？我能穿越时空但却未必能突破那个时代，我能做的，无非想些皇恩浩荡、官职俸禄、理学术数、色即是空，抑或抽着大烟搂着几个小脚妻妾之类。若不是鸦片战争一声炮响，或是圆明园的大火，或是日本人在旅顺和南京的屠城，或是特朗普发起的新贸易战把我们惊醒，真怕我醒不过来也穿越不回来了。

放下书，凝望星空，仿佛我即宇宙，而宇宙又很远、很远……

共生书房

托朋友的福，总算在小区里租了间房，专门作为书房用的。房不算大，多说五十平方米，比之陆游“书房偷得蜗庐样”，似可知足了。既然有了专用书房，总得有个名号才是，于是微信给好友姜学申，让他写个匾，他知我近年来专心研究“共生”，便提笔写了幅“共生书屋”。林真好说：“叫‘书屋’好，蛮有情趣的。”我想了又想，但凡与书房有关，多有叫“书屋”“书斋”的，也有叫“堂”“舍”或“馆”的，可是每想起唐代王建“替饮觥筹知户小，助成书屋见家贫”的诗句，再联想到“三味书屋”主人家又高又瘦、须发花白，还戴着大眼镜讲述“怪哉”故事，委实心有不甘，便径直回了微信：“屋小，房大；斋小，馆大；屋趋内，房开放。人皆崇大，又粗又大且思想开放即好。”他立马又写了一幅“共生书房”，名号这便算是落定了。

书虽不多，万八千册，竟也是几十年来一本一册攒下的。主人身无定所，书也跟着流浪。从北到南，又从南到北，折腾了大半个中国，历时四十余载，现在终于凭着发达的物流汇总到了大连，我恨不得一日之内全把它们码到书架上去。大外的吴桐、东财大的徐荣博等几位教授一起来帮忙，六十多箱的书，硬是忙了一周才让它们语语气气、正正当当地各就各位了。

我一个人静静地站在一排排的书架前，狠狠地发呆了好一阵子，看着那些破旧了的书面，还有一些水浸泡过的沧桑印迹，忽而情不自禁：朋友是朋友，妻是妻，这些书不又是我的情人吗？它们又好像是我的孩子，无论我走到哪里，依然跟随左右，不离不弃，最终又一起相拥在这新的书房里。

小时候母亲说，“抓周”时我是直奔书和笔爬去的，拿起笔来即往书上画，再撕下来吃到嘴里，在场的亲戚朋友都说：“这孩子就是读书的命。”曾经有一阵子我以为母亲是为了鼓励我读书才故意这样说的，后来越来越了解母亲了，她一生勤勤恳恳，朴实无华，断不会为了哄我去编造什么的。慢慢地我在内心里也便认了命，并与书结下一生的缘分。

小学一年级时，因父亲工作调动，我也转学到“集安一小”，没多久又转到了“民主小学”。在“一小”的时间不长，老师和同学没在记忆里留下一人，但学校的图书馆却让我终生不忘。图书馆的正中有个大圆台，台内高起的框架上摆满了很多种杂志和图书，老师和学生都可以坐在台前任意取阅。最让我爱不释手的是那些“小人书”，一有空我就钻进馆里看个没完。刚到“民主小学”时，我以为学校都是一样的，转了几圈仍未找到图书馆，“我要回一小，我要回一小”，回到家里拉着父亲的手硬是赖叽了好几天。直到后来我自己的女儿上小学时，我仍紧盯着不止一次地问：“学校里有图书馆吗？”生怕孩子和我一样，小学里没个图书馆成了一生的遗憾。

小学快毕业时，整个社会都在批判苏联“修正主义”，苏联的书也就不受待见了。有一次父亲在园子里用拆掉的书来遮挡菜叶，不知是为了授粉还是防护什么，我见状一跃而起跳进园子里，一把抢过书来问爸爸：“这是什么书？”“是苏联修正主义的书，没用了。”我猴急似的嚷嚷道：“呀！这是凯洛夫的《教育学》，很难买到的，我要，管它什么主义呢，不看又怎么知道？”父亲没有生气，反而和我一起一页一页地把拆掉的部分捡回，重又装到了一起。

集安是个边陲县市，南面濒临鸭绿江，与朝鲜隔江相望，有古都丸都山城遗址，山清水秀，气候宜人，很早就已列入联合国世界文化遗产名录。市区不大，只有一家新华书店，上大学之前，我所有的书都是在这家书店买的。店里的阿姨瘦瘦的，眼睛很会说话，鼻梁高挺，说起话来却细声细语，像是底气不足，一副怏怏的病态。她对我特别好，可能是去的次数多了也就自然熟了的缘故，每次有新书她都主动介绍给我，或是把好书留下等着我去“优先”。在文工团时，邹延利、朴红艳和我还自发组成了读书小组，有什么好书或好文章他们也都会推荐给我。那时出的书种类不多，鲁迅的书却大都出齐了。小说主要有《林海雪原》《烈火金刚》《野火春风斗古城》《太阳照在桑干河上》《红岩》《艳阳天》等，再就是古书四大名著之类的。当时很多书还是繁体字的，第一次读繁体本《三国演义》时，连“劉備”“關羽”都不认得，好在父亲的“四角号码”词典很管用，在不知读音的情况下可以直接翻查，速度极快，这使我有幸在上大学前就已读完了《史记》，虽然大部分内容似懂非懂，却也觉得其中有无穷的典故和智慧，越是不懂，越是吸引我把它读下去，不知不觉竟养成了读繁体书的习惯，直到现在仍然觉得读繁体本古书比简体版更加过瘾。我甚至在想，繁体、简体应该是共存的，多出版一些繁体本古籍，对于中华民族的文化传承不能说有多好，但肯定不是坏事。

1977 年，我走进吉林大学，图书馆藏书之多让我看到了另一个世界。阅览大厅敞亮而宽大，进来的人很多，常常转了好大一圈也找不到个座位，我便把坐垫绑到了固定的椅子上，并在桌面上放一个搪瓷茶缸，算是霸占了那个位置，这就可以保证一到图书馆就一定有位可坐了，也不用再为找座位浪费时间。这似乎有点自私，我若不去就会耽误别人就座，反倒逼得我像着了魔似的，一下课就往图书馆里跑。宿舍—课室—图书馆，“三点一线”是当时学习生活的常态。家在长春的同学，有几位是有自行车的，有空我便借来，骑着车去重庆路的新华书店，1978 年版的《古文观止》，竟是排着队才买到的。1982 年硕士毕业时我被统一分配到了广州，我的那些“情人”也跟着我一起到暨南大学报了到。暨大教师的住房条件比吉大要好，北大清华或也无法相比，在张其凡教授的住所过渡了几天，我便住进了单间宿舍。这可是我有生以来第一次有了自己独住的房间。书架、书桌和床都是学校统一配给的，一个书架不够，我又申请了两个，我的“情人”们也算有了安身立命的新家。

1984 年底，我有幸考入北京师大，师从何兹全先生，我的那些“宝贝”有一部分也跟随我闯进了京城。大师兄陈琳国是老北京人，特地嘱咐说琉璃厂有古旧书店，那里的书是打折的，我便经常骑着单车从新街口出发，经新华街穿过和平门，专到古旧书店淘书。其实那里的书不都是旧的，很多都是打折的新书，图个便宜，我即买买买地有些疯狂。很多书都是那时购置的，包括二十四史。博士毕业时原本留了校，因我留校，师兄谢重光、师弟于琨奇便回到福建、南京去了，我却出于住房条件等种种原因，留校不到半年又于 1988 年中转回暨大。此次打包再次南下的书籍，已是多出很多箱了。

回到广州，因家庭变故又搬了几次家，最后留下的除了孑然一身，就只剩下这些舍弃不下的书了。为了不再住办公室，也为给这些书找个住所，我开始到企业兼职，为著名企业做顾问。有些时候，自由焕发出来的创造力是难以想象的，仅仅一年多，我便在珠江新城买了新房。经济条件好了，买的书也就更多了，这时的图书市场也不甘落后，各种各样的出版物如雨后春笋，尤其是翻译出版的外国读物，经济的、管理的、心理的、文化的、哲学的、生物的……伴随着无数次的出国考察，不仅眼界大开，学术思维也早已超出了学科边界，甚至飘到云天之外的太空里去了。思想跨了界，买的书也便没了限制，加上网络购书很方便，更是有些 hold 不住了，喜欢的买，好看的买，精致的买，粗制滥造的或是错别字成堆的滥书也曾买过。办公桌和书架上摆着的、堆着的都是书，这倒不是为了梁实秋《书房》所说的那种“雅趣”，也不是汪曾祺《读廉价书》所说的“文章滥贱，书价腾踊”而摆在那里以彰显不廉价的“身份”，只觉得没了书灵魂便没了住所，没了书精神便没了依赖。即使是些“地摊”上的“滥书”，放在自家久了也便生了情，毕竟怎么读是自己决定的，终不忍把它们当成垃圾给丢弃了。上大学前，鲁迅讲的读书的话我还是暗记得的，不读死书，更不能把自己当作“书橱”，读书终究是要“自己思索，自己做主”的。有了情，真的就把它们当作情人，看作孩子了，只可惜它们不是生活在一个地儿。先是在广州，接着是成都、大连、北京、长春、长白山……而它们之间虽然远隔千山万水，有的从未谋面，思想脉络却又是相承相连的。它们若是有灵，不也和我一样，都想有个舒适、稳定的家吗？

而今，我的这些情人、孩子终于走到一起了。它们是那样的彼此独立且又相互联系，有的光鲜亮丽，有的朴素纯真，有的早已散失而只留下些记忆。它们站在一起虽也有互不相让、相互挤对之嫌，却又是那么彼此扶持、和睦安宁。我发呆地凝视着它们，仿佛情人正向我投抱，又像是孩子们在舞蹈、雀跃。我每次抚摸它们的手势，虽已累得有些半残，却仍是那样的细腻、温顺。林真好帮我开箱时，一不小心抓破了《太平广记》第七册的封皮，心疼得我不要不要的，现在我又小心翼翼地把它补好。看着硕士导师乌廷玉先生那两本《中国历代土地制度史纲》，再翻翻何兹全先生那本《中国社会史研究导论》，还有他主编的《历史名人200个》，以及他八十五岁自述的《爱国一书生》，好像先生和师母又给我们端来一碗碗刚煮好的热汤面；打开黄约瑟的题赠留言，书文犹在，而这位香港大学的年轻教授已是英年早逝；看看日本学者那么多的赠书题词，深感我们对自己祖国的认知尚需种种努力；抚摸着林广志教授来自澳门科技大学的赠书，油然想起曾谋划共同创办书店的岁月；翻翻大学同班同学何绍志那本《灼人的恋歌》，初入社会的一切艰辛与沧桑、悲悯与欢乐，又都跃然纸上，历历在目……

人有灵魂，书亦有情，在一起久了，它就是情人和孩子，也是导师和益友。它们虽然默默无声，却以它们各自的方式流溢着人性的深情，而那些题赠的文章和书刊，就更显得弥足珍贵了。我真的很爱你们，我的情人，我的孩子。虽然你们曾跟随我颠沛流离，但终究实现了相聚同一，我更要感谢你们的一路相伴与跟随，我再也不会离开你们了，我将与你们共在、共存……

闲话南方、北方

1982年9月8日，那是我从吉林大学硕士毕业统分到广州报到的日子。几十年过去了，我以为自己的生活习性早已广州化了，可至今广州人仍说我是北方人。这也没什么奇怪的，岭南人习惯上把五岭以外统称为北方。几年后我到北京读博士，口音里免不了夹带些“广普”腔调，导师和同学又说我是南方人。我本是“闯关东”后代，祖籍山东烟台，爷爷说是现在的栖霞，可与鲁花和鲁能集团合作时，本是山东老乡却又把我看作外地人。即便是到了国外，起初被问得最多的一句是：“你来自日本吗？”只是近些年中国人出国的多了，那些老外才改口：“你是中国人？”我这才用斩钉截铁的语气说：“Yes!I am Chinese!”仿佛到了国外才最终证明自己是哪里人。

南方人是特殊人种，在世界各地的人群中，不用听他们讲什么，你一眼就能认出哪位是“广东佬”。广州天热，散热要快，当地人的脖子和鼻子相对较短，管道短了，体内热气排出的速度便会快一些。北方人刚好相反。天气寒冷，寒气吸入体内最好有一个加温过滤过程，鼻子大脖子长恰好可以起到“冷热气交换”的作用，于是北方人多数是鼻子长脸也长，小品演员于洋的脸就是个标榜，人称“马脸”。天气冷了生物都要堆积脂肪来御寒的，这又催生了不少胖子，有些人的“马脸”也渐渐变成了球体形状。这样一来，脸形的区别就显得不那么重要了，倒是鼻子，不管你肥瘦，它总是不变的。所以南方人和北方人的相貌，因气候原因进化造就的最大差异，莫过于鼻子了。

回到国内，话语当中又免不了多些“南方人”“北方人”的语境。古时候提到南人、北人，多在政治上有相互排斥的现象[①]，这在今天虽已鲜得一见，但南方和北方在气候、语言以及民俗方面的差异仍是彰明较著的。广州气候炎热，很多生活习惯总是与气候息息相关。改革开放初期，广州人出差常常带个水桶，为的是洗澡冲凉方便，因为在广州稍动一动便是一身汗，“冲凉”一定是要方便的，不仅要冲走身上的臭汗，更可为身体降温，冲了凉一身清爽，舒服至极。睡前要冲凉自不必说，早上醒来也每每是一身汗水，所以起床后务要冲洗一番。久而久之，早晨冲澡也便成了多数广州人特有的习惯。我虽算不上地道的广州人，早晨冲澡的习惯却也是养成了的，无论走到哪里，无论天冷天热，从未改变过。或许正是因为有冲凉的习惯，广州的住宅和酒店，都特别讲究卫生间、洗浴间的设计和布置，哪怕是普通酒店的卫生间，使用起来也都觉得顺手方便，不像北方，看起来满是豪华的装修，可住进之后，开关、照明、洗漱用品、浴房下水等一系列的细节，没有不觉得别扭的。可知广东能生产出那么多的酒店卫浴用品，并能在世界市场上占有较大份额，总是有它生活缘由的。

南方产米酒，北方产烈酒。广东米酒喝起来像是烈酒掺了水，人们便误以为广东人不擅喝酒。被广州朋友灌醉过我才明白，大热天的再喝上烈酒，你不是自找“热气”吗？吃辣子也是，其“热气”程度不亚于烈酒。于是乎广东人早早地就发明了凉茶来清火，“怕上火喝 ×××”的广告出自广东，也便不足为奇了。在广州生活，“老广”告诉我，你一定要喝当地的“凉茶”，不然你永远水土不服。北方人刚到广州吃什么都不习惯，都觉得清淡寡味，不像北方讲究“过油”，很多道菜若不先炸一下，吃起来总觉得索然无味。拿油炸花生米来说，北方人炸过之后稍一放凉就可以吃了，香脆中还带着刚炸过的温度，南方人却要多放一个时辰，这样吃了才不“热气”，后来又发明了水煮、盐爆花生米，当地人吃油炸的就更少了。“过油”能增加热量，恰好适合北方寒冷天气。现在生活条件改善了，有了暖气、空调，也有了羽绒服、鹅毛被，人们在冻不着时也就用不着积攒脂肪以增加热能了，于是吃饭也接受了清淡口味，粤菜非但不难吃了，

① 见吴晗先生《南人与北人》一文，收录在吴晗《中国人的生存规则》一书中。

且越来越受到欢迎，以至于在北方也成了宴请宾客的主流菜系，据说厨师也大多是从广东高价请来的。

长白山和大兴安岭，大多数的树木都是直挺挺的，树干笔直，直冲云霄。长白松的树干更似美人的长腿，直挺到胸腰以上才有了四小天鹅齐腰短裙式的树冠，所以俗称“美人松”。其他红松、水曲柳、白桦树等无不挺拔高大，而又粗又直的树干便成了上等木材，这跟美人容易出嫁一样，好木材也多是先被砍伐去换外汇了，好在它们的后代都很争气，次生林依然直挺向上，只是树干没那么粗壮，单薄得风一吹就要折断似的。北方人直爽的性格跟大山里直挺的树木一样，风来了也要直挺着迎上去，迎不住宁可折断了自己，也不肯去弯弯绕着千回百转地求生，虽然也有少数挺不住而委屈求生的。长在南方的树木则是另外一番景象，盘根错节，腾挪宛转，枝杈复杂，虬风劲气，蜷曲而不失形制，有形又出于无形。生物多样性成就的正是文化多样性，南方人的性格也和那里的植物生态相仿，委婉柔和，适者求变，有规制而不唯规制，勇于“逃港”“闯南洋”式的冒险与创新，如英雄的木棉树一般，敢为天下先。“绿灯来了跑着走，黄灯来了抢着走，红灯来了绕着走”的灯论精神，或许正是根植在苍遒的树木及其富饶、包容的文化之中。

北方的冬天白雪皑皑，草木枯萎，一旦春风送来了和煦的暖阳，万物复苏，个个都直冲冲地争着向上，以获取有利于自己生长的养分，北方人直爽爽的有些自扫门前雪的个性，或正与此密不可分。北方的果蔬庄稼大都是一年一茬，秋收后便进入冬藏的休眠期，所以北方很多动物都学会了冬眠。人虽不冬眠，却也有“猫冬”一说，冬天里没什么农活了，干脆“猫”在家里喝点小酒，打打麻将，斗个地主，酒兴一发，少不了高谈阔论一番，古今中外，上天入地，政治经济，无所不晓，近些年来称为“忽悠”，类似于“侃大山”“摆龙门阵”之流。南方就不同了，一年四季绿树成荫，葱茏依旧，水果蔬菜粮食鱼鸭之类，无不是一年两造三茬循环往复的，人没有闲下来“猫”屋的时候，生活劳作养成了勤劳好动的性格习惯，酒席上比不上北方人那样振振有词，早茶时交谈的也多是些买卖经营上的事情。让人诧异的是，北方人如在酒桌上谈了什么赚钱的生意，下次相聚时或是全然忘了此事，或是仍在高论着同样的话题，而南方人再次聚在一起，竟有人在交流上次提到的生意已经进行得掷地有声了。是好动勤劳的生活习俗，使南方人更擅长经营自己的生活，也造就了他们超强的实干精神和执行能力。2018 年，东北三省的地区生产总值加起来也只有 56751.59 亿元，而广东一省就已达到 97277.77 亿元。这成绩靠“猫冬”或“忽悠”是出不来的，显然靠的是行动，是干出来的。

20 多年前一次朋友相聚，有南方人，也有北方人。有人调侃：“如果有人让你给他跪下磕三个头，叫他三声爹，他就给你 100 万元，你们谁愿意吗？”一位北方老哥立马说：“他 × 的，让他叫我三声爹还差不多，我给他 200 万元。”另一位南方小哥则说：“这有什么，不就是个面子嘛，面子值几个钱？ 100 万元，值啦。”务实和面子，仿佛很能反映出南方人和北方人的不同心理。是南方人爱财胜过亲爹吗？我不这样看。南方人做事多能从实际出发，不怕小，也不嫌麻烦，有得赚就行，一颗纽扣，一个螺丝钉，一碗小吃，一卷胶带，能有多少赚头？赚得都是几厘几分的，但只要细水长流，薄利多销，同样能从一个小店起家，小商品也能做到世界上去，形成积少成多的规模化产业。1998 年，我回东北考察，小妹当老师教书，妹夫下岗了整日闲在家里无所事事。我跟他说：“摆个地摊都能挣碗饭吃，没准还能闯荡出一番市场机遇。”他眼睛瞪得大大地说：“我堂堂大学本科毕业，去摆地摊？”我说：“有什么不可以？如果需要，我博士毕业同样可以去摆地摊，至少摆个书摊我也要比别人更懂得书。”那次谈话让我想了很多，北方人也应勇敢地去掉那层身份面纱，放低身价，哪怕从小做起，总比“大事做不了，小事不肯做”更有希望。

前不久我去了广州贤江村，本是考察古荔枝园的，竟发现全村人几乎都姓刘，接待我们的叫刘强，你若喊一声“刘总”，在场的会有好几位“大佬”同时应答你，于是我们只能叫他“强总”，或昵称“阿强”。这让我想起客家的围屋和福建的古厝，一大族人居住在同一古厝里，从小光着屁股在一个院子里长大，如有人在外面混出了模样，多会叫上“光腚娃娃”去一起发展的。年长者在一起商量要修复古厝，便会有一大群人回来捐钱，有钱的出钱，有力的出力，宏琳厝、三落厝以及很多的“土楼”“围屋”就是这样焕然一新的。村落式集聚的生活环境，加上悠久的亲族关系，不仅培养了他们和气生财、齐心协力的认知与作风，更增加了人与人之间的信任感。温州“炒房团”能够横扫全国，南方民间金融组织之所以有声有色，它的真正基石恰是彼此之间经过长期的生产生活所培育起来的相互信任。20世纪80年代，刚刚兴起的个体工商户和民营企业，往往都是同村伙伴、亲族之间一起干出来的，哪怕是一家小店，背后牵扯的常常是多家商量好的利益关系。反观北方，特别是东北地区，直到现在我们所能看到的企业，大多还是单打独斗式的个人企业或家族式企业，真正合资合伙的股份制企业仍属凤毛麟角。是近代“闯关东”移民促进了东北地区的开发，而所有的移民大都是以一家一户的松散方式落户的，这与南方悠久的村落族居历史有着天壤之别，它给东北人带来的最大影响，便是彼此之间的相互设防、互不信任，以及缺乏合作精神和契约精神。东北的“老赖”为什么多于其他地区，又为什么在东北很少见到合作成功的股份制企业，其深层原因恐怕正隐藏在当地人的灵魂之中。

合作精神是一种文明，是现代企业尤其不能或缺的商业伦理。而合作精神的养成，却是要在日常的社会生活中吸取养分的。在广州生活久了，感觉自己就生活在一个商品经济十分成熟的市民社会中，觉得干什么都很方便，想吃啥吃啥，想干啥干啥，只要有钱，只要肯出力就能挣到钱。但在北方有钱也未必管用。1985年我在北京读博士时，去国家图书馆查阅资料，渴了想喝瓶水，出来走了二里地却没遇见一家商店。而我在东莞曾进一家小店买水，店里没货了，若在北方售货人会直接告诉你“没有”，可东莞这家小店老板没这样说，而是转身到隔壁商家赊来一瓶卖给了我。看似一个小小举动，却着实蕴含了上千年的商业精神。《宋书》及《南齐书》有一则记载，说南北朝时期的广州已是“南土沃实”，工商业已相当活跃了，在广州当官的“常致巨富”，民间传说“广州刺史但经城门一过，便得三千万”。民国时期能够发生七十二房客的街坊故事，以及声震南洋的十三行商人，都在昭示广东的商业文明绝不是一朝一夕、一蹴而就的。商业生活的历史越是悠久，人们的商业经验也越发丰富，这些经验之中有欺诈和反欺诈的，坑蒙拐骗的手段多了，防止上当受骗的智慧也会提升，但最让人们认识深刻的，不是如何赚钱，而是怎样守信，若想生意长盛不衰，你就必须“丑话说在前面”定好规矩，真材实料地诚信经营，就像经济学家进行的重复博弈实验，博弈的次数越多，背叛就越少，合作就会占据上风。北方人常说“一把一搂”“捞一把再说”，在成熟的商业社会里摸爬滚打闯荡过来的人，是断不会说这种话的。南方多有百年老店、品牌企业，北方却鲜得一见，“中华老字号”大都分布在南方，确也说明了一些问题，似乎在说北方的商业文明尚有待培育。文明是一个历史过程，有些程序是无法省略的，省去的终需补上。

商业文明的历史久了，商业服务的流程规范也自会周密起来，生活在这样的环境之中虽是舒适方便，却也时常给人以表面范式的感觉，如同空姐的微笑，是管理训练形成的习惯，未必都是发自内心的。北方人直来直去，商场上的客套话语讲究的不多，甚至话一出口很有些不中听的时候，但也常常是真情流露，是一种没有掩饰没有商业历史的朴实。走进北方菜馆，常常没人招呼你，可催着喊着上来饭菜时，量大到生怕你吃不饱似的。时间闪到20年前，一不留神我手机落在大连出租车上，依在广州的生活经验，以为肯定是“肉包子打狗——有去无回了”。没承想出租车公司主动联系到我，一时喜出望外，给该公司送了面锦旗，给好人司机发了1000元的谢金。北方民风虽然朴实，却也是人情社会，凡事无论大小都要找“关系”，没关系就连注册个体执照，或是孩子上学分班排座位什么的，都可能会有麻烦。南方人很功利，但却是商业社会，三十年前广州市市长即喊出：“有事找市场，不用找市长。”讲关系是做熟人生意，讲规则是靠市场逻辑。熟人之间免不了吃吃喝喝，生人买卖就要讲游戏规则了。越是讲究熟人关系，权力地位也就越重要，技术和创新反而得不到足够的重视；若要依靠市场运营，你就不得不研究市场，并不断地提高产品和服务质量。关系没了可能生意也就断了，有市场和顾客才会让企业走得更加长远。虽然北方也有规则，南方也讲人情，但毕竟风气上的侧重是有所区别的。

一方水土养育一方人，风土各异，人情世故的民俗民风自当是不同了，并没有统一的范式和同一的文明。21世纪伊始，我在东北财经大学做过一次报告，以广州和大连为例，试着调侃了南北城市不同的战略选择。改革初期的广州远不如北方的一些大城市条件好，要钱没钱，要啥没啥，有的只是试验性的开放政策，于是便走了一条“放水养鱼”，让民先富，然后再抓城市建设的“先民后城”的发展道路，直到1998年，广州才提出一年一小变、三年一大变的城市建设纲要。民富了，财政税收多了，再搞城市建设，资金上便有了底气，结果没用三年，广州即跻身“花园城市”。大连走的则是“筑巢引凤”之路，先抓城市建设，城市环境漂亮了，不愁投资者或游人不来。所以确实有一段时间，广州摩托车乱窜，地摊乱摆，是脏乱差的典型；大连则广场亮丽，街道整洁，是城市形象工程的样板。只不过你要先“筑巢”，钱从哪儿来呢？无非是向社会、向中央、向金融机构要。向社会要，便意味着税费没了优惠，企业和个体工商业的发展都有可能受到影响，大连在很长一段时间，财政税收占GDP的比例远远高出全国平均水平，比青岛、厦门、广州、成都更是高出很多。企业积累少了，社会不富，民也不富，城市发展的后劲便会显得不足，今天的现实，或许恰好说明了我当时的预判。不同模式原本各有千秋，但有一点似已更深层地惹人思考，那即是人民富裕，社会富足，不但是发展的长远目标，而且只有这样才能长期稳定地实现这一目标，才能在金融危机或疫情期间提振内需以实现内循环与双循环。2020年9月的一个夜晚，我和好友姜灏、毛军在广州“珠江道”喝啤酒，周围一片灯红酒绿，火爆场景出人意料，压根儿没发生疫情似的。姜灏拍下照片发到微信朋友圈里，戏题：“仨老头泡吧，重新定义青春年华。”次日早上又到珠江新城太阳新天地七楼稻香村喝早茶，环顾四周，多是些老老少少家庭式的民间消费，这和北方商务性的吃喝接待判若两个世界。可不是，民富了才有能力抗风险，社会才更有希望吗？

如果说“藏富于民”给南方发展带来了后续力量，那么北方若想长期稳定发展，不是正可借鉴让民先富的经验吗？十几年前我在温州做报告时曾做过一番比较，讲GDP和财政税收，大连远在温州之上，若讲个人存款、民间资本以及民营企业为代表的第三产业收入，温州就远非大连可比了。一次我在浙江衡店的一家“东北菜馆”里吃饭，见老板是东北老乡，便问他：“来这儿干多久了？”老板说：“刚过两年。”“这里好干吗？税务、卫生什么的麻烦多不多？”他面带喜色地说：“还好，上个月他们来人问我能不能干下去，我说还是想干下去，他们就派人帮我把工商税务手续给办了。”中科院化物所本部在东北，其下属一家企业在苏州享受的是厂房三年免费用，职工住房等福利一大堆，税费还有折返优惠，这样的优厚待遇为什么在北方争取不来呢？房地产和文旅产业南方还流行所谓“点式供地”，目的是让投资者以最小的投入先把事做起来，把事做成是其他一切的前提。所以当地领导最是挂在口头上的一句话：“有什么能帮到你？”改革之初东莞一位领导曾跟我说：“来创业的都欢迎，只要人在东莞，吃喝玩乐也是投资，投给政府是投，投给社会也是投。”这种建立在商业合作文明基础上的施政风格，与“管卡要”的官僚作风形成了鲜明的对比。北方地区似更擅长大规模地规划出开发区或经济区、度假区什么的，眼光多是盯着上市公司或著名的大企业，言谈之中关注更多的是你有没有钱，只要你拿钱来投资，什么都好说，却又好像什么也没说，怎样能把事情促成，往往缺少灵活变通，加上冬天封冻，建设周期又短，扯来扯去，一天天的光阴就这样空荡荡地溜走了，几个五年计划过后，差距便显现出来，从最初资源和设备等经济实力雄厚的“共和国长子”，渐渐地变成了拖全国后腿的落后区域。

在一个市场活跃的商业文明社会里，人民总是能走出一条致富之路来，这大概就是人民创造历史的一种力量吧。改革开放的初衷是让社会主义的人民也要富裕起来，这和古时商鞅变法意在“弱民以强国”已不可同日而语。让民先富起来，不仅是社会的努力方向，也是我们每个人的生活目标嘛。

梦话南方、北方

这世上很多怪事，越是禁了的，越是让人好奇，当面不准说的，背地里成了头条反倒传得更快。有段时期《红楼梦》是列为禁书的，私下里便传阅开来，有些人竟是打着手电筒在被窝里看完的。专注度高了，记得倒也牢靠，半个世纪过去，多数情节尚能娓娓道出。

现在的孩子兴趣反转了，“四大名著”不逼着断不肯读下去。孩子刚读《红楼梦》时，第一回还未读完，问题却是一大堆。什么是“炼石补天”？宁、荣二府说是在金陵占了大半条街的，“金陵”又是哪里？……我只好耐住性子一一细解。这反倒让自己又重温了一遍。

日有所思便夜有所梦。年龄越大，梦也越多。梦多了忽儿似梦非梦的，串联起来，零零散散的，却也成了一段里坊词话。这一夜迷迷糊糊的，不知不觉又入了那温柔梦乡，恍惚之间迎面飘来一僧一道，左右跟来的似又有两位乡绅学究，一位叫贾士隐，另一位叫甄雨村。寒暄之间我笑问道：“您二位姓名可是错颠了吗？”二位相视一笑，其中一位道：“在下甄雨村，当年印刷排版误了，这便以讹传讹至今，可知‘假是真来真亦假’，今日算是验证了。”

我一边向那僧道行了礼，一边问道：“那块‘通灵宝玉’当真是女娲炼石补天留下的吗？”二人又是相视一笑，僧人道：“哪里是什么宝玉，不过是块松花石罢了。”“是长白山松花石？”“正是。”道人看我大惑不解，解释道：“长白山乃满族龙兴之地，金世宗大定十二年，现世称公元 1172 年，始封长白山为兴国灵应王，修了庙宇，率文武百官于春秋两季前来拜祭，一来二往，竟意外发现奇石，上有松花纹理，传至清朝，越发珍贵了，视同国宝，便号作松花石，今日台湾博物馆收藏之松花砚，均为清廷用砚，足可证之。”

朦朦胧胧间似又寒暄了几句，我便再次施礼道：“如此说来，《石头记》所言当是北方故事了？难道作者曹雪芹是北方人不成？”甄雨村笑了笑说：“作者确是北方人，究竟是谁不敢多言。”我似有所悟，便大声嚷道：“这般说话，贾府和大观园是在北方了？如此钟鸣鼎食之家，翰墨诗书之族，是如何一步步衰败萧疏的？《红楼梦》所言不就是这点辛酸泪吗？难道整部书就是要借助满族入关，北方根脉却渐次荒凉的事由，来发泄这‘谁解其中味’的千年一叹不是？”

甄雨村正正衣襟，清清嗓子，说道：“阁下高见。此次我等巡游北方，一来满足怀旧之情，再者倒也要看看，偌大个东北，要山有山，要水有水，矿源雄厚，林木葱郁，沃土千里，粮丰鱼肥，原本已在举国前列，怎的竟又在新时代落了阵呢？”

听他此话，我心中暗喜，有些按捺不住地问道：“今生有缘，幸遇仙人，此番重游北方，必有重振复兴之方略，可否略赐一二？”贾士隐看了看僧、道二人，转向我问道：“阁下向来读书不少，亦多参与经济之事，复兴北方可有高见？”我低声说道：“在下老拙，除却投资、人才、修路等振兴之举，尚无他法，还望仙人多多指教。”

四位仙人相觑稍许，甄雨村开口道：“我等边游边议，到过东京湾，看过曼哈顿，在拉斯维加斯小试过手气，在香港、澳门也曾逍遥自在过的，一路行来，略成三计，或可立振北方，复兴东北，亦未可知。”

我急忙追问：“敢问仙人，这妙计之一，可有个说法？”

“三联自由港！”甄雨村直奔主题。

“三联自由港？”我惊叫了一声。

“此是一计。北方莽莽原野，原以长白山为龙脉，如今通海阻断，气场受压，喘息尚难，岂有不衰之理。当年有人在南海画了一个圈，南方大盛，今若在北方三国交界处，若再有人协调朝鲜、俄罗斯和中国，连带海洋陆地，画上个自由、共治、共生的圈圈，北方也一样会大盛起来。”甄雨村补充说着。

“画个圈，三国联合，成立共治、共生的独立自由港区，怎见得就能繁荣起来呢？”我似懂非懂。

甄雨村说得有些得意扬扬了：“在这星球，只要对谁都是有利的善事，没有不成的，只需时间而已。想想看，三国联合，有地出地，有海开海，有钱出钱，大干快干，甭说是千年规划，百年设计足矣。‘三联自由港’独立自主，共治共生。有基本大法，主权如梵蒂冈；行自由贸易，机制似安曼岛。税免赋减，企业皆为利来；权利平等，人人乐此而往。此港一活，气场通畅，不出数年，定当繁花似锦，车水马龙矣。”

此时正当寒冬，看着四位仙人站着久了，身子瑟瑟发抖，我这才忙把他们请进暖屋，接着问道：“北方天寒，淡旺季分明，何以见得淡季仍有人来热闹呢？”贾士隐呵呵一笑，压低声音道：“人性！只要你尊重人性，给他快乐，没有不来的。拉斯维加斯建在沙漠中，有人去不？澳门偏于一隅，火不？阿姆斯特丹运河僻处有条夜街，热闹不？中旅中免股票一夜暴涨，原因何在？免税意味着得益，自由意味着权利，自治意味着安逸，人性意味着解放，茫茫70亿人之星球，岂惧无人来乎？”僧、道二人听了，手合胸前，念念有词：“阿弥陀佛”“善哉、善哉”。

我一时无语，赶忙献上茶饮，自呷一口道：“您这是仙人仙语，在下不敢妄议。那第二计呢？”

“三湾大布局！”

这次是贾士隐抢先一步说出了口。我知大家都说到兴趣处了，神仙原来也是讲究畅所欲言的，便又迫不及待地说：“此话怎讲？”贾士隐继续说道：“凡事先从大处着眼，切莫操之过急。珠三角、长三角均已形成湾区之势，乘势沿海北上，做足文章，下一个定是渤海湾区，再向北便是三国自由港。如此南海、东海、黄海蔚蓝一片，沿海成带，海路有港口，陆地有高铁，南北呼应，以先带后，协同合力，强势互动，北方兴盛，指日可待矣。”

“三湾大布局，是指珠三角湾区、长三角湾区、渤海湾经济圈，三者联合吗？”“正有此意！”贾士隐一边答我，一边侃侃而谈：“虽说渤海湾未成片区，只要渤海口桥隧一通，非但渤海沿线闭环成片，且山东、辽宁南北海岸相连，港口相接，内海辽阔，反与珠三角、长三角形成不同的湾区特色，则南方经济定成强势北延之势，财路通畅，北方自当复兴。”

我略有所思，自言自语道：“渤海口桥隧方案，设计有年，终未实施，恐怕只因一个钱字，钱又从何而来？没钱又怎能让两个半岛桥隧相连？”

甄雨村接过话茬说道：“阁下也是从南方过来的，珠三角之初，可就有修路、建桥的钱来着？比之现在更是羞涩吃紧。谁投资谁受益，钱自会流水般滚滚而来，何必苦等国家给钱？有灵活政策足矣。”

我心自是一喜，不由想起首座合资兴建的洛溪大桥来，一时豁然开朗，似已望见渤海口通车景象，一高兴便又追问：“那第三计呢？”

“三省特别区！”

贾士隐抓起我右手，有些激动地说：“三省特别区，或曰东北大特区，乃是东北三省连成一体之策，要在政策和制度上创新是也。”

“政策、制度如何创新？”我问。

“创新点多矣，重在土地、税制上。”贾士隐又有些兴奋起来：“泱泱华夏，国土广袤，南北资源有别，气候冷暖迥异，政策焉可一概而论？一国尚可两制，地区自当创出新政。北方冬季封冻，未可营建，土地使用期限自当延长一倍，价格减半；冷热有差，经营周期淡旺分明，税赋亦当有减有免；东北土地肥沃，乃全国粮仓，当举各方之力，维护粮食安全，让种粮者富过他人，实行农场化、机械化等自动化生产；整个东北形成自贸区，取消户籍制，生育无限制，教育资源均等化，生老病死社会化。企业兴隆，民生富裕，如此这般，东北何愁不兴，岂有落后之理乎？”

贾士隐话音刚落，我等相互对视着，半刻钟无人出声。乍听起来，仙人所言确有几分道理，细细品味，又有些不以为然。我试着问道：“仙人可有实施的把握？”又是一阵沉默。道人此时开了口：“我等闲逸寻乐，调侃而已，人间凡事，当由人间自理。世间才俊，多集于政府、大学及企业之中，何不集思广益论述求证？我等谨期望北方振兴之日早早来临耳。”

我赶忙致歉道："在下唐突，还望见谅。诸位仙人献计献策，爱我中华，善念昭昭，天地可鉴。然则却似凡心未泯，特此建言，故曰贾士隐乎？"几位仙人相视愕然，忽儿不见了影像。

情急之下，我便一觉醒来。看看身边酣睡的妻子，知是一梦，却又历历眼前。辗转思忖，真假颠倒，莫非真是"假语村言"吗？

俗说三题

俗说“无法无天”

童年的我也有不乖的时候。有时要起横来，母亲会似气非气地说：“我看你是小和尚头上别发卡了”，我瞪着眼睛不解地问：“咋地啦？”“调皮！”这是母亲用手指戳着我的脑门说的。我若顽皮过头了，或是有点儿蛮横不讲理的劲头儿时，母亲又会说：“你这是老和尚打伞哪？”我同样是不解地瞪着眼睛：“又咋地啦？”“我看你是无发（法）无天了！”母亲举起的手还没落下，我早已“逃之夭夭”。

后来读博士在导师何兹全先生家里，师母也把这两句歇后语说给我们听了，我跟谢重光师兄差点儿没笑出眼泪来。母亲没上过学，常说些俗语倒是满亲切的，有时反而能加深印象，起到醍醐灌顶的启发作用。师母郭良玉可是新中国成立前金陵女子大学的高才生，是大家千金，她时不时也能说出一些民间谚语，谈笑之间却是平添了一些文人的幽默与雅趣。

说来也巧，前不久在刘邦起家的汉中，酒席间你敬我、我敬你的，少不了也谈起了一些坊间八卦或时事乱象什么的。做政府领导的似乎心事更多些，既要反腐零容忍、环保没商量，还要想尽办法调动各个方面继续创新发展的积极性；做企业的则一个劲儿地强调税费太重，要想拉动内需得先让企业和老百姓富裕起来，“不然内需的消费动力从哪儿来呀”。在座的一位投资商则说：“现在投资拆迁太难，有的‘钉子户’漫天要价，横竖不讲理，简直就是无法无天了。”一位镇党委书记接过话来说道：“说得好！无法无天？有意思。有那么一些人确确实实无法无天了。要知道在中国不仅有‘法’，法之外还有个‘天’，你都要遵守，这就是中国特色。”

“天”？天是什么？酒席间谁都没有明说，却又似乎都明白了。事后又过了好长一段时间，我心里一直想着这个无法无天的“天”。作为成语，无论东西南北，无论民族男女，在遇到有人目无王法肆意妄为的时候，很多人似乎都会用“无法无天”一词来加以斥责。一个词语社会上的人说得多了，久而久之约定俗成，也便是成语了。我忍不住好奇心，专门查阅了一些书籍，在正史里或一些学术名家的笔下，确是很少使用“无法无天”这个词儿的，而用得最多的是宋元以后的民间词话或是历史小说。《红楼梦》算是用得比较多的，而且大都是以对话形式说出。如第三十三回贾政训斥贾宝玉时即说：“该死的奴才！你在家不读书也罢了，怎么又做出这些无法无天的事来！”第五十六回几位夫人为讨好贾母说宝玉如何知书达理，同时也说他“在家里无法无天，大人想不到的话偏会说，想不到的事他偏要行”。贾宝玉毕竟是个大家公子，封建家族的礼教规矩他是懂得的，但他偏偏又是个叛逆分子，在他身上总是涌动着一股冲破礼教的蛮劲儿，所以整部《红楼梦》在描写贾宝玉的个性时，自然而然地就有 6 处用上了“无法无天”。《三侠五义》《儿女英雄传》《官场现形记》等小说中也都多次以口语形式把这个词儿说了出来。可知自中唐以后，伴随着文化的俗世化转型，小说词话里的大众化语言益发丰富了起来。

既然“无法无天”一词大都是在世俗语境下说出的，那么它的使用主体以及它所反映出来的语义内涵毫无疑问也应是世俗的、大众的。《现代汉语词典》对无法无天的解释是：“无视法纪和天理，形容人毫无顾忌地胡作非为。”用无视法纪来解释“无法”，似可理解为此“法”是广义的法，泛指成文的法律和规章制度，“无法”就是一个人的言谈举止根本不把这些有章可循、有文可依的法律和制度放在眼里的意思。这似乎不难理解。问题是“无天”的“天”应如何理解呢？说它就是指“天理”也并非不可，词典里对此有两条解释：①宋代的理学家认为封建伦理是客观存在的道德法则，把它叫作天理；②天然的道理。这样的解释不能说不对，但又不能说它完全对，只是觉得还没挠到痒处，或者尚未说透这其中的理儿。从小时候母亲说我无法无天的语气里，以及涉世之后邻里朋友网络八卦在用到这个词的语境中，我仿佛体会出这个无法无天的“天”似乎还含有以下两层意思。

第一层含义是在“法”之外还有与法并行的“天”。所谓天道、天理、天良，往往都是指天地万物和人类进化自然形成的社会秩序和道德规范，我们常说的民风习俗、文化礼仪也都属于这个范畴。我们的老祖宗常常用“天地”来形容自然界，因此也就习惯于用“天经地义”来界定人类社会演化而成的行为准则。人不能“丧天理”，否则就会有一种力量来“替天行道”。《易传・序卦传》说：“有天地然后有万物，有万物然后有男女”，接着才有夫妇、父子、君臣、上下的“礼仪”秩序。老子说的“人法地、地法天、天法道、道法自然”也有这层含义。西方古代和中世纪的“自然法”学说，崇尚的也是人类社会自然状态下的和谐秩序，并试图从中找到永恒、正义的自然法则。亚当・斯密的《道德情操论》就是试图用同情心的基本原理来阐释正义、仁慈、克己等一切道德情操对维系人类社会和谐发展的意义。人类在自然状态下自发形成的秩序规范，其历史比成文法典还要悠久很多，而且直到今天在维护社会秩序的正常运行方面仍然起着巨大作用。因为任何一部文字法律都不可能把人类的所有行为一一规定得滴水不漏。所以说法律之外还要有“天”，要我们还须遵守形成于天地自然的、人类社会自然成就的道德规范。

第二层含义是在“法”之上还有比法更大的“天”。中华民族有着敬天法祖的传统，“天”不仅代表着宇宙自然，还有一种位于顶层、高高在上的意思。《说文解字》说：“天，颠也。至高无上。”有天地然后有万物，对自然的敬畏也就自然而然地转化为视天地如父母。《尚书・周书》说：“惟天地万物父母。”《庄子》也说：“天地者，万物之父母也。”《千字文》的第一句是“天地玄黄”，“天”字排在第一位，最大、最重要的人或事这就成了“天字第一号”。统治者常常自称是受命于天，于是皇帝、君王又都统称为“天子”。根据《史记》的记载，轩辕是最早被尊奉为天子的皇帝。《诗经》中共有22处称周王为“天子”，董仲舒的《春秋繁露》说帝王是“受命之君，天意之所予也，故号为天子者”。天子的职责就是统御万邦以“一天下”，礼乐法制均自天子出，所以“普天之下，莫非王土”的君主帝王，其权力之大理所当然地就在法律之上了。所谓王子犯法与庶民同罪，那也只是王子而不包括帝王本人。如果法律解决不了问题，你还可以想方设法拦驾、闯宫去“告御状”，让皇帝为你做主申冤。因为皇帝才是法律之上的最高法律。如若说你是“无法无天”，某种意义上也是在说你不但目无法纪，连皇帝老子也不放在眼里了。

毛泽东与蒋介石在重庆谈判之后，曾写《忆重庆谈判》七律一首，起句即说“有田有地皆吾主，无法无天是为民”。它表达的是为了人民的利益敢于砸烂旧世界的英雄气概。如今，封建帝王已经不存在了，“无法无天”这句民间俗语却仍在坊间街巷流传，并且作为成语收录在词典之中。现在用到这个词的时候，其中的“天”应该不包括上述的第二层含义，因为当今世界上再也没有哪个人胆敢站出来自称是“天子”，从而把自己凌驾于法律之上了。只不过话又得说回来，若要维系社会秩序的正常运转，仅仅依靠法律还是不够的，法律之外断然还是要有个“天”，这个“天”便是人类社会长期运行自然演化所形成的文化习俗和道德规范，法律与道德缺一不可，两者应该是相互依存、相互促进、相得益彰的。我们仍然需要“法”，也需要“天”，只有法律与道德协调同在、和谐共存，才能更好地维持人类社会的运行秩序，为社会中的每个成员谋求更大和可持续的平安生活。正如美国法学家庞德在其所著《法律与道德》中所说：“将法律和道德彻底分开的做法，以及将两者完全等同的做法，都是错误的。”

俗说“天下”

我们非常容易将自己的趣味、偏见以及希望，投射到整个宇宙上去。

——马斯洛《动机与人格》

从婴儿环顾周围世界的眼神里，我们看到了人类认识宇宙的求知欲望。从林真好小朋友发表在“笔神作文”网上关于大海与星辰的诗歌，我们也可以推知人类思考宇宙的奥秘或许正是从仰望星空开始。人类第一次睁开眼睛，或是从沉睡的梦中慢慢醒来，看到的最高远的，是天；感知的最广大的，是地。人类来自天地之间，自然而然地便以天地为父母，感知的是天地，思考的也是天地，《尚书》所谓“惟天地万物父母，惟人万物之灵”，这是中国人认知宇宙的自然逻辑。

“《易经》昭示了一种令人惊异的宇宙观，一种关于人的潜能的哲学：人在宇宙运化之中拥有主动创造和自由的潜能。”牟复礼教授甚至认为“我们应该郑重地把《易经》看作中国人心智的最早结晶”①。这时的先民无不把一切与天地自然联系在一起，“仰以观于天文，俯以察于地理”，“广大配天地，变通配四时，阴阳之义配日月，易简之善配至德”，而圣人之所以为圣人，就在于他们参悟到了天地自然的运行规律，并且顺应不悖这一规律，这就是天地之道，而人类认知宇宙的终极使命，正在于“道济天下”。

人们最初看到的“天”，如同井底之蛙所见到的，以为那就是“天”的全部了。那时的“天地”是有限的，或者仅仅是可以限定空间范围的地理概念。当人们走出山谷，眼界大开，看不到“地”的边界，也望不尽“天”的极限时，伴随人类总是想着探望天地边际的冲动，“天下”一词的语境也便不断扩展到广袤的宇宙深处，成为人们认识和思考宇宙自然的思想维度，并习惯性地用“天下”来指代无边无际的全部了。“普天之下”这时也就成了“天下”没有边际的指代，这种指代进一步更是超越了宇宙自然，进而包容了天地间、全社会、全人类、全世界。从《大禹谟》所说的“奄有四海，为天下君”，到曹操的“周公吐哺，天下归心”，再到高适“莫愁前路无知己，天下谁人不识君”，直到《三国演义》开篇即说的“天下大事”，谁又能细画出这一系列的“天下”到底有没有可以地图化的疆界呢？

天下已然不是“天下”了，因为它已包不住人类认知宇宙和思考社会

---

① 牟复礼．中国思想之渊源［M］．北京：北京大学出版社，2016.

的思域。“天下”已经无域化，它的思想维度已经超越了物理空间，成为人类感知外部世界的宇宙认知体系。这种超越不只在东方，西方也不例外，只不过西方此时的宇宙认知体系是由众神主宰着。在孟菲斯神学中，以及在苏美尔列王表中，天地之间到处都是众神活动的身影。此后在犹太人启示录中的耶路撒冷，耶和华在西奈山上的云中讲话，还有赫西俄德笔下与天地难以区分的神灵，无不在神与人的相互关系中展示出“关乎宇宙”的原初经验。到了公元前500年左右，远至公元前800年，近至公元前200年，这期间的人类无论生活在地球的哪一块土地上，也不论他们彼此是否认识，却是步调一致地“从山谷登上山顶，从洞穴来到平原”，他们不仅视野开阔了，脑洞更是大开，出现了人类历史上第一次大规模的超强大脑的集中爆发。这时的中国有老子、孔子和诸子百家，有“道法自然”，更有“修身齐家治国平天下”。印度则有《奥义书》和释迦牟尼，而在伊朗和巴勒斯坦，琐罗亚斯德传播着一幅具有挑战性的世界图景，并纷纷出现了以利亚、以赛亚、耶利米等无数先知。这时的西方则以希腊为代表，有诗人荷马，有思想家赫拉克利特、苏格拉底和柏拉图等。这些思想巨人主要分布在中国、印度和欧洲三大地域，虽然他们并不知道彼此的存在，思考的内容也各有所好、别具特色，但是他们的思想维度无不是超越了原有的“天下”，无论深度还是广度，非但前无古人，在很多方面直到今天仍然后无来者。人类思考的基本范畴在这一时期大都产生了，人类的意识和思维更是超越了宇宙自然和人类社会，开始思考神祇与心灵，世界各大宗教体系无不肇端于这一时期。此时，人类的精神境界从有“天下”到超越“天下”，考问的不仅仅是宇宙自然，更多的已指向社会，指向了人类的灵魂，以至于思考本身也成了思考的对象。这是人类历史上最伟大的一次“爆脑”式的精神突进，德国学者雅斯贝斯把这一时期定义为人类历史的“轴心时代”。①

从物理“天下”到精神“天下”，“天下”便成为一个由小到大、从有限到无限的灵动过程。此时的“天下”就像是仍在膨胀的宇宙，无论是在

① 卡尔·雅斯贝斯. 历史的起源与目标［M］. 桂林：漓江出版社，2019.

物理上还是精神上，都显示出冲破局囿的巨大张力。人们站在哪里便以为中心就在那里，甚至将自身理解为唯一的人类并占据唯一的宇宙中心，就像人们站在地球上仰望宇宙便以为地球就是宇宙中心一样。但这个中心却无时不在期盼着向宇宙深处探望，这种探知的欲望首先驱使的是人类精神领域的扩张，进而也便不再满足自己脚下占据的那块物理空间了。人类不仅看到了宇宙的深邃，也看到了大地的辽阔，人类从一个部落，一个族群，合并而成了多个民族，由无数个城邦小国和诸侯封疆，通过联合、征服、屠杀或兼并，终于组成了庞大的帝国。在西方从波斯帝国的兴起开始，直到罗马帝国的衰亡；在中国则是以大秦帝国的统一作为最鲜明的标志。“天下”作为宇宙认知体系第一次遭遇了社会性的畸变，变成了作为帝国征服的潜在对象的“天下”。这就是人类帝国时期的“天下”，美国学者埃里克·沃格林把这一历史时期定义为“天下时代”。

虽然已是帝国的“天下”，却没有一个帝国全面实现了地球的统一，因而“天下”的张力也便不会停下扩展的脚步。借助中世纪以后近代科学技术的进步，人类对“天下”的思考和对世界的认识，则又有了长足的进展，小到物质内核，大到宇宙边界，内起于基因、量子，外延至星系、黑洞，大大小小、林林总总，无不取得了天翻地覆的惊人发现。然而无论现代科技手段多么精密，无论认知宇宙理论多么深奥，人们站在哪里便以为中心就在哪里的思想维度却并未发生根本性的转变，甚至又有了凭借高科技手段强迫人们接受或认同的趋势。人类认识了微生物、细胞以及分子、原子，便以为找到了物质世界的原初起始，于是一元论、还原论等便沸沸扬扬热闹起来；生物学发现基因，便又出现了基因决定论等，进而以为人的“自私”也是由基因决定的；人类社会有了自由民主的治理经验，便以为这就是社会的普世秩序，进而认为这就是历史的终结、理论的终结；自然科学有了新的发现，便希望自己的发现可以成为一种定律或法则，并进而期望找到能够解释一切的“万有理论”。物理学家薛定谔在《生命是什么》的讲座中，即是想用物理学定律来解释生命现象，以为生命现象看似浑然无序，但它同样没有超越物理学的一般规律。

“天下”的物理性膨胀，“天下”的精神世界也随之活跃起来。人类对本源的追溯，发现生命原本同宗同源，人类寻宗访祖、刨根问底的思维习性就又有了新的方向，所有认知性思考都在试图找到一个同一规律、统一理论、普遍真理，以便将宇宙的万事万物统统包揽在这放之四海而皆准的“万有理论”当中。自然科学如此，人文科学同样如此，用黑格尔的话说，就是要探究一条统一的“永恒真理”。尤其是20世纪，探求统一理论的思潮盛极一时，爱因斯坦晚年即曾致力于此，虽然没有结果，但他却站在和平主义的立场为国际社会提出了一个“统一政府”的建议。伯特兰·罗素更是在自己的著作中每每提到“世界国家”或“世界政府”。《联合国宪章》的签署以及联合国正式成立，某种意义上也是这种“统一理论”思潮下的产物。耗散结构理论、量子力学等，都可看作是在探求宇宙统一理论过程中的序列成果。从《时间简史》和《宇宙简史》来看，作者霍金一生所追求的也是想要发现“物理学的统一理论”，但他同样没有成功，2002年8月17日他在北京国际弦理论会议上提出，在物理学领域可能存在类似于哥德尔的不完备或不确定规律，因此不太可能建立一个描述宇宙的大一统理论。但霍金提出了非常有启发意义的三种可能：

> 确实存在一个完整的统一理论（或者一族交叠的表述），如果我们足够聪明的话，总有一天将会找到它。
>
> 并不存在宇宙的最终理论，仅仅存在一个越来越精确地描述宇宙的无限的理论序列。
>
> 并不存在宇宙的理论，事件在一定程度之外不可能被预言，仅仅是以一种随机或任意的方式发生。①

霍金深知“建立一个包括宇宙中每件东西的完整的统一理论是非常困难的”，他甚至说“基本理论不可能存在单独的表述”。宇宙事物是多样性的，认知宇宙的理论似乎也不应该只有一种，而应该是多样性的“序列理论”。如果一定要追求完整的统一理论，那也一定是这些“序列理论”的“集合表达”。科学家是理性的，然而就像“适者生存”的进化论影响到

① 史蒂芬·霍金. 时间简史［M］.许明贤，吴忠超，译. 长沙：湖南科学技术出版社，2002.

社会时便形成了“社会达尔文主义”一样，追求“永恒真理”的热情融入精神世界时也便很容易演变成“普世主义”或“中心主义”，进而就会用这“主义”标准去衡量所有的民族和国家，用这“中心”的文化标准去要求和评判其他文化。迄今为止，尚无理论家或政治家为这样的时代做出定义，我认为人类不辞辛苦地追求“万有理论”或“永恒真理”是一种现代社会的趋同精神，这是“天下”精神的信仰时代，是争相统一到自己认同的同一信仰时代，这里姑且称为“竟同时代”。

人类社会已经走过现代进入后现代，超越工业时代进入信息时代。这时的“天下”有分有合，其张力已经有所节制，形成合中有分、分中有合的两股力量，一是它的张力所驱动的无限膨胀的力量，二是因为它的膨胀所形成的内驱化的凝聚力量。这一张一合、一外一内，便构成了数字化信息时代的和谐与平衡。在这两股力量的相互博弈中，偏向任何一种力量都不可能获得最后成功，这也是所有企图以一种模式统一“天下”的努力最终都宣告失败的原因，亦如亨廷顿在《文明的冲突》中所承认的，从一个文明转变为另一个文明的所有努力都没有获得成功，而文明正在朝着多样化的相互作用的方向演化着。心理学家马斯洛也说：“很清楚，正如我们在人类其他领域里所做的那样，在科学家之间，我们也同样需要容忍和接受个体的差异。”这是承认并尊重差异，又是差异化冲突“和解”的时代，这个“天下”显然不可能只有一个理论、一个真理，“天下”是共同的“天下”，是万事万物相互联系、彼此依赖、多边互动、共存共在的“天下”。整个“天下”从人类思想精进的“轴心时代”，到凝成帝国四处扩张的“天下时代”，再到追求永恒真理或理论信仰的“竟同时代”，人类已经走过了童年和青年，业已进入成熟的壮年时代。壮年时代的人类已经进入“不惑”之年、“知天命”之年，那么，这时的人类应该是一个什么样的时代呢？很显然这是一个多元多样的联合时代、合作时代，我们不妨把这个以联合与合作为特征的时代定义为“共生时代”。

一言以蔽之，当今的天下是共生天下，当今的时代是共生时代。

俗说“大哥”

称谓的变迁，细数起来也是趣味无限的。刚从广州回北方时，公司里大多是年轻人，有叫我林博士、林总的，也有叫我“大哥”的，几位老乡知我在家里排行老二，则又直呼我为“二哥”。当时在广州很少以“哥”“弟”相称，初来乍到的，好长一段时间也没能适应过来。可日子久了，再有人以“大哥”呼我，我也便稀松平常了，甚至见了别的老板人物，也跟着叫起了“大哥”。年龄比我大的，叫起来还算自然一些，年龄比我小的，我仍跟着一起叫“大哥”，着实有些不自在，心里疙疙瘩瘩的，但一时又说不清这其中的滋味。

清静下来的第一好处就是可以多看点闲书，这才发现“大哥”的称谓自古已然。唐玄宗李隆基就有《过大哥宅探得歌字韵》以及《同玉真公主过大哥山池》的诗，几位大臣还跟着唱和了一番。那时的“大哥”多指长兄、兄长，指的是兄弟姊妹中排行老大的那位，所以唐代以前多称“大兄”。两汉时期即有“大兄言办饭，大嫂言视马”的孤儿乐府。孙权劝学故事中，吕蒙对鲁肃说的“士别三日，即更刮目相待，大兄何见事之晚乎”，更是收入了中学课本。只是“大兄”过于书面化，叫起来文绉绉的并不上口，所以中唐以后随着世俗话本小说的兴起，“大哥”的叫法通俗响亮，因而也便日渐普及开来，时至今日，叫“大兄”的反倒鲜得一见了。

在长子继承制的世袭社会里，“长”即为尊，有“自古长兄为父”一说。父母过世了，家里的大事小情都要由长兄做主，《薛丁山征西》第十九回即有一段长兄为妹妹做主婚姻的故事。兄弟姊妹原本是亲缘关系，伴随亲缘伦理向社会伦理的演化，没有亲缘关系的同辈之间，为了表达亲近和尊重，也开始“套近乎”地以兄弟姊妹相称了。在这种称谓的融合过程中，长者为尊的习俗也一并传承下来，同辈之间称“大兄”“大哥”虽没有血亲关系，却已约定俗成地成为一种常见的尊称。唐代中期的《朝野佥载》有“武氏最长，时号大哥”“大哥何不相救”的记载。著名的《窦娥冤》杂剧，张驴儿蛮横地向卢医师讨要毒药，卢医师迫不得已地急呼：

“大哥，你放我，有药，有药。”可知元代世间尊称年纪相仿者为“大哥”已是司空见惯。这在成书于元末明初的《水浒传》中体现得尤为明显。书中称“大哥”的有 103 处，“哥”字在全书出现了 1815 次，称“哥哥”的也有 768 次，此外还有多处称“大哥哥”“俺哥哥”“小哥哥”等。如宋江初见李逵，李逵把二斤羊肉全吃了，宋江道：“壮哉，真好汉也！”李逵道：“这宋大哥便知我的鸟意，吃肉不强似吃鱼！”

一句“大哥”，超越亲缘关系，变成了世俗称谓，而世俗化的普通称呼，却又夹杂着亲缘关系的文化伦理，确也构成了中国伦理文化的一大特色。这种亲缘伦理的纲常秩序，一般情况下不能轻易打破，打破了将被视为大逆不道，喊出“国骂”或是掘人祖坟，其大不敬之意则是人人都能体会到的。《水浒传》在古典小说中使用“大哥”称谓最多，比《红楼梦》还要多出不止一倍，这一方面说明“大哥”的称谓确已在俗世间普及化；另一方面又显示出“大哥”这一叫法的绿林气质，使得“大哥”的称呼很有些“社会”的味道。“大”与“小”相对，有“长”之意，因而也就成了敬辞,“大人”“大王”“大作”“大驾”之类，都是这种敬意的表示。“哥”本就大于“弟”，从伦理秩序上是要讲究君臣之义、长幼之节的，弟弟自当尊敬哥哥。于是乎，“大哥”不仅是一句普通的称谓，还是彰显身份地位的一种荣耀。此时的“大哥”不仅与血亲无关，甚至与年龄大小也不相干，谁能称作“大哥”，主要取决于他的身份地位和财富实力了。《金瓶梅》成书于明代，“第一回　西门庆热结十兄弟”，明明白白地讲了十位“闲游浪荡”的朋友如何结拜为兄弟的过程。在如何排列兄弟位次时，年龄固然仍是个因素，但更多的是要看“有威有德”和“财势”如何，或众兄弟是否服你了。几个人推来让去，年龄并不是最大的西门庆被推上了“大哥”的位置，花子虚也因为“有钱”而做了四哥。这一声“大哥”，跨越了血亲和年龄，唯其有了社会地位和财力威望，才配得上这一称呼了。

因为年龄最长或排序最前，有时又把“大哥”称为“老大”，以表示排行第一号的敬意。原本“老大”是与“少小”相对的，如汉代乐府“少壮不努力，老大徒伤悲”，唐诗“少小离家老大回”，等等。中国的文化伦理讲究敬老法祖，“老”代表宗族身份和地位，也是为人成熟和经验丰富的象征，所以“老大人”“老大哥”“老大娘”“老大爷”“老王”“老李”等，也都带有一份敬意。《红楼梦》第十六回“那薛老大也是‘吃着碗里瞧着锅里’的”，第一百十一回何三说的“老大，你别是醉了吧”，指的都是兄弟排行或如“大哥”式的尊称。这一习称沿袭下来,“老大”胜似“大哥”，多是对企业老板、单位里的一把手，或是帮派里的“头儿”的尊号了。这里面含有一层对身份地位的仰羡、服从或尊重，已与血亲关系风马牛不相及了。

无论是家庭还是宗亲，传统习俗都是在强调“长幼有序”的，尊老爱幼、敬天法祖的文化伦理，便也在人与人之间积淀成了很多种的相互称谓，而在这些称谓关系中，却也多多少少体现了长幼之间、主从之间、尊卑之间、大小之间的道德礼节与伦理规范。尊称多了，敬呼久了，无形中确也产生一股激励人们去获得荣誉地位的内驱力量。人人都想追求荣誉和地位，原本无可厚非，若是不择手段则就不好评说了。由血亲带来的长幼秩序是命中注定的，但也并非不可逾越，李世民就是杀了长兄而自己坐上皇帝宝座的。所以叔本华在分析名誉和荣誉时说，我们每个人都过分地重视他人对自己的看法了，因而才会想尽办法去获取荣誉。伯特兰·罗素在论述权力时也说过，“在人的各种无限欲望中，主要的是权力欲与荣誉欲”，而权力又是获得荣誉地位的最佳捷径，于是他又说出了一句骇世名言：“假如可能的话，人人都想成为上帝。”① 对东方人来说，或许并非人人都真正了解上帝，但人人都希望获得来自同类的尊重却是毋庸置疑的。如 Bridge 歌词唱的：“我发誓要做老大，慢慢地学着做老大，才发现做到了老大，原来那我就是老大，老大就是最有气场，老大就是风流倜傥，老大会给你重赏，老大成了你我的梦想。”只是这种老大的荣誉与尊重，是否需要常常挂在嘴上，是否需要时时刻刻表明谁大谁小，是否需要通过称呼排出伦理座次，则又另当别论了。

历史悠久是一种骄傲，也是一种负担。有些习俗传给我们的是智慧、力量、幸福和快乐，有些习俗则是我们前进的羁绊。我们生活中沉积已久

---

① 伯特兰·罗素. 权威与个人［M］. 北京：商务印书馆，2012.

的伦理纲常无不如此。积习越久，惯性越大，改变越难。由论资排辈等级化的伦理习俗，向互相依赖平等化的共生关系的转变，同样也需要历史的过程和时间的积淀。其实当“老大”并不容易，巴金在《做大哥的人》中已说出做大哥的难处。或许从一个称呼开始，保留相互尊重而摒弃伦理身份，一声“亲”，一声“爱”，一声“兄弟”，一声“你好”，以及“同志”抑或“先生”，都更能彰显人与人的相互联系与共生共在。倘或我们投放的都是对等的目光，彼此之间说不准又能发明出多少个“亲”一类的新鲜称谓来。“我不做大哥好多年”，就让柯受良演唱的歌曲结束本文吧：

只恨自己爱冒险
强伴英雄的无畏
伤了心的诺言到了哪天才会复原
我不做大哥好多年
……

下篇

天下共生

——人与万物

警察也是人呀

2017 年寒假的一天，时钟已近晚上 9 点，我开车拉着夫人和孩子驶上星海湾大桥，欣赏着大连市星海广场璀璨的都市夜景。孩子的歌声、笑声伴随着一路美景，一家人的心情美美地与大海、星桥融在了一起。过了大桥没多远便进入了一个灯光明亮的山洞，隧道很长，快到出口时一辆辆车排着长队停在那里，看着远处的警灯，我知道这是在“例行检查”。排到我了，原以为没喝酒不会有事的，但还是要我出示驾驶证，这下麻烦来了，我一般出门是不带手包的，证件也不在身上，警察示意让我停到路边下车检查，我下车后胆胆怯怯地道歉着，报出自己的证件号码，希望警察能通过网络核实一下我的驾驶证和身份，或者我留下让妻子开车回去把证件拿来。警察说根据交通法的规定，没带驾驶证的要扣车。我说：“这荒郊野外的，扣了车我们怎么回呀，还有孩子呢。”警察说：“你们自己想办法。”这时我忍不住大声吼道：“警察兄弟，警察也是人呀！”此话一出，那位警察大大的眼睛足足瞪了我 20 秒，一言不发，那眼神似乎既震惊又无奈。

争吵之中又一位警察把我叫到警车上，看样子是领队，话没多说，开了一张罚单，罚款 50 元，扣两分，我无数次地道谢后签了字把车开走了。后来去警队交罚款时的麻烦姑且不多说了。孩子曾经立志做一名警察，在“星期八小镇”穿上警服的那张照片，姥姥、姥爷还始终放在床头欣赏着呢，可从那以后孩子说她再也不想当警察了。我跟孩子说警察按规章办事没有问题，如果是别人偷了咱的车，警察正好就把车给扣住了。孩子却说：“这都信息时代了，证件只是为了证明身份，用手机核实一下不就行了吗！”说实在的，九岁的孩子能够想到用网络改进身份信息管理，这让我很吃惊。人类社会确已进入信息时代，出门还必须带上身份证、驾驶证、银行卡、会员卡、购物卡等一大堆卡包的时代已经过去，与各种卡片相关的管理规定是不是也应该“与时俱进”呢？

这些公共管理的课题我没空闲去多想，倒是那句“警察也是人”的惊呼却一直回绕在我自己的心里。这句话包含两方面的理解，一方面，警察也是人，我们都应该像尊重其他人那样尊重警察；另一方面，警察作为人，也应该将心比心地尊重其他人。这其中也蕴含着中国文化对“人”的伦理认知和哲学理解。中国人气愤之极往往会质问“你还是不是人？”把“不是人”也常常当作骂人的话，这反映出在中国人的灵魂深处，认为“人”的本性应该是善良的，有良知、有良心的才能称为“人”，反之则斥为“不是人”。从人本善良的角度出发，一切管理都应该是“以人为本”，管理者和被管理者不应只是对立的矛盾关系，更应是共生共在的协同关系，管理的要义应该是为了人的生命安全以及生命存在的尊严、便利与福祉，而不是给人的存在设法添堵或制造麻烦。

“以人为本”，很多人都这么说，可做起事来则就未必了。开车回家的路上，一家三口还在讨论着，我说：“如果警察开咱们的车或是用警车把咱送回家，再把车拖走扣下，也许我就没什么可说了，毕竟他们是按人道主义的原则执行了交通法规。”孩子仍大声叫着：“什么呀！我们又没伤害别人，又是按规定行驶的，不就是没带证件吗？凭什么？”我无语，心里想，若是法规不合理，你让执行法规的人怎么办呢？交通法规的本质是维护交通秩序和交通安全，主旨还是为人民好，可有些执行措施似乎已经背离了初衷，开车的人都有体会，无处不在的“违法拍照”有的已经与交通安全无关了，这能说是“以人为本”吗？为什么没有法律来界定清楚，什么情况下可以“拍照”罚款，什么情况下不准“拍照”或扣车呢？我心虽这么想，嘴上却安慰孩子说：“知足吧，到了美国，没人敢朝警察大吼大叫的。”

车内一时鸦雀无声，我却一直在想“人”的问题。“人”到底是什么？“人”应该怎样？老祖宗传下来的《三字经》我们从小就耳熟能详，看得出“人之初，性本善”这种人性趋善的伦理取向，已经很浓地浸染了中国人的心灵底色，以至于每一个中国人都期望自己以及他们的孩子能够出息得像个“人样”。“人”已然成为我们的行为准则，甚至是衡量他人或对他人的期许标准。

再说“共生无主义”

人类最大的偏好，就是总想试图找到一个终极真理，为人类社会实现普遍福祉找到唯一解决方案，为人类认知宇宙和认识自己探索出一个同一理论。于是，人类便发明创造了许多“思想”和“主义”，并总是力争将自己的“思想”或“主义”普世化、统一化，甚至为了证明自己的“主义”具有普遍意义，而不惜与不同“主义”者组成对立阵营，直至大动干戈。

这种偏好反倒带有普遍意义，即便是以探求客观真理为使命的学者也很难例外。很多学者一旦发现了某种新的“理论”或新的“规律”，内心的兴奋总是驱使着他们在表达论证时夹带着一些自夸的倾向，所以这种倾向又可称为“自夸的偏好”。就像瓜农进城卖瓜，为了让人们相信他的瓜又甜又好吃，就免不了要喊上几句自夸的号子，目的无非是要吸引更多的人来买他的瓜。

关于“共生”的研究，原本是可以作为一种法则、一种智慧、一种价值观或生活方式来充分展开论述的，说它是一种“思想”或一种“主义”抑或无可厚非。钱宏先生对“共生”的研究成果总体上是很令人敬佩的，他在《中国：共生崛起》一书中首次提出的“共生主义”[①]，立论之高远，叙述之宏伟，确如袁剑先生在序言中所说：他是特立独行的“仰望星空之人”。只不过他和其他某些有成就的学者一样，一不小心也在字里行间流露出了这种“偏好”，他甚至把“共生主义”推送到了“普世化”“绝对化”的峰巅。如他在书中说道：

---

① 钱宏. 中国：共生崛起［M］. 北京：知识产权出版社，2012.

共生新思维革命，将普惠全人类、普惠全生态、普惠全宇宙！（第98页）

个人的尊严、幸福也就成为一切人富有尊严、幸福的充要条件——这，就是迄今为止，人类智慧能够达到的最高伦理境界和最大价值诉求。而能够体现这种最高伦理境界和最大价值诉求的处世哲学，我以为，就是共生主义，或共生学说（symbiosis theory），且全球化、信息化、生态化运动的出现，总体上也呈现为趋于共生主义。（第106页）

因此，我们需要用共生价值观为一切人类过往认定的硬道理导航。

以后，没有共生价值观以外的普世价值了，一切偏颇、偏袒、东方、西方、唯物、唯心、财富、权力、社会、资本、国家、政党、组织、个人的价值诉求，都应当在共生价值观中重新阐释并获得新解、新意、新生。共生哲学应当，也能够重新阐释人类现有一切普世价值或硬道理。（第109页）

我们研究“共生”，倡导“共生”，目的是要让人们承认差异，尊重个性，实现不同文化和民族的共存共在，但这并不意味着一定要把“共生”当作所有“思想”和“主义”的最优解或终极解。老子说“治大国若烹小鲜”，人们都知道盐是百鲜之首，再好的食料一旦没有了盐就会索然无味，但是盐若是放多了，则又非但不鲜，且难以下咽，甚至对身体有害了。只有盐与小鲜各得其所，不能太过也不能不及，“两不相伤，故德交归”，才能共同烹出鲜美的食物。

“共生理论”源自生物学，由生物多样性引出文化多样性，进而由文化多样性跃升至文化多元论，没有多元多样也就无所谓“共生”了。共生的本质是多元多样的差异化共在，不同的思想和主义也应该是共生共在的，如果我们非得把整个世界归结成一个理论、一个主义，或者总是希望找到一个放之四海而皆准的同一真理，这似乎已经背离了共生的主张，或者说这本身已经“超越”共生，它已不是“共生主义”了。也正是从这个意义上，我们说“共生无主义”，倘若一定要为“共生”加上个“主义”，也许多元包容的“无主义”正是共生的“主义”。

强与弱的平衡与共生

网上有一幅漫画故事，画面上有这样两句话。

小孩：为什么我做错事大人可以打我？而大人做错事我就不能打他们？

大人：因为你打不过他们！等你打得过了……他们就会开始跟你讲道理了。

这让我想起京剧《奇袭白虎团》中讲抗美援朝的一句台词："谈谈打打，打打谈谈。"战场上你打得过他了，他就要跟你"谈判"讲和，你若打不过他，那就没有谈判可言了。北宋的皇帝和大臣讲和的多，懂打的少，于是便被赶到江南偏安去了。和平和民主不是谁的恩赐，而是打出来的、争取来的。如拉丁谚语所说："如果你希望和平，那就准备好战争。"只有自己强大了，别人才有可能尊重你。如世人所说，你强大了，敌人也就少了。

企业中老板与员工的关系如同大人和小孩的关系一样，员工弱小的时候，老板就会像欺负小孩一样对待员工，而员工强大了，老板也就学会尊重"人"了。工业革命初期，劳动者只是资本家组织生产的"机器"和工具，他们几乎在各个方面都得不到保障，更不要说被尊重了。进入 20 世纪，特别是进入信息工业时代以后，知识的价值在提升，人的地位也就越来越重要，这时的管理才开始转向"以人为本"和"以人为价值核心"，什么"股权激励""股票期权""让劳动者成为资本家"也都一股脑儿地热闹起来。

老板一般情况下不容易被欺负，因为不够强大他当不了老板。但老板也有弱的时候，技术落后了、生病了、老了或者糊涂了等，这种时候员工也会因为自己强大了而去欺负老板的。有的企业被瓜分了，甚至倒闭了，老板势弱恐怕也是其中的原因之一。

只有彼此都构成人物，都已经强大的时候，才最有可能形成相互尊重的讲道理的关系。这种时候我们反而不用担心管理上会出现什么问题，因为双方都够聪明，都各有所长，讨价还价礼尚往来，久而久之自然就会形成一种平衡与和谐的生态环境。

也许是遗憾，或许正是精彩。生命在进化的过程中一方面造就的是千姿百态与姹紫嫣红的变化，另一方面则是强弱不同与大小不等的差异，于是呈现给我们的常态，却往往不是平衡意义上的平等，而是人与人之间高矮胖瘦能力大小的不同。正是这种生物学上的差异和社会地位的不同，老板和员工常常表现出来的不是均衡与平等，而是不同形式的差异和分层。在这存在差异又认可差异的背景下，若是能够避免以大欺小、以强凌弱，并且养成相互尊重互讲道理的习惯，那才是真正较劲的管理。毕竟这个世界是强者主事，尊重上级容易，善待下级可就难了。所以管理的重点对象应该是强大的一方，而不是弱小的一方；是权力关系的强权方、有权方，而不是弱权方、无权方；是管理者本身，而不是被管理者。

差异是客观存在的，冲突也在所难免。若想让孩子不再被大人打骂，最终的办法是等到孩子长大。若想让弱势群体获得同样的待遇和尊重，最好的办法也是让这个群体强大起来。发展教育，缩小贫富差距，普及共生思想，正是我们应该提倡的“底层情怀”。在存在差异、存在强弱的关系当中，形成承认差异、尊重个性、强弱平等、相互依赖、彼此共存的平衡与和谐，正是共生管理所要追求的目标方向。

围棋里的经济艺术

时间是相对的。感到时间太快或是紧迫时，人们便想尽办法抓紧时间、提高速度，从骑马到开车，从算盘到计算机，主要都是从时间功效上考虑的；觉得有大把时间或是时间难熬时，人们又会想方设法消磨时间、打发光阴，从下棋打牌到各种游戏，从喝酒聊天到蹦迪泡吧，好像都是在消费多余的时间。于是时间便始终伴随着我们，成了我们快与慢、多与少——既合理又矛盾的——艺术人生。

围棋就是把快与慢、多与少融合到一起的艺术。虽然传说“尧造围棋”是为了教育愚子丹朱，目的是让丹朱在游戏中体悟治世之道，但从“王质烂柯”的故事更可说明，没有任何游戏比围棋更能“妨事费日，劳精损思”地消磨时光了。以棋教子说明棋中确有治世之理与天地之道，“烂柯”也另有一层棋理深奥且难以捉摸的寓意，但其耗时之多成为打发时间最好的闲逸之乐也是显而易见的。所以围棋既是提升脑力的育人工具，增加竞技能力的体育运动，同时也是消遣生活、打发时光的娱乐游戏。

拿快与慢来说，围棋要诀之一即是“争先”，或曰“着着争先”“弃子争先”“宁失数子勿失先”等，一个“先”字正道出了“快”字的要义，这也正是经济学和管理学头等重要的概念——效率。经营公司和下棋的道理一样，都是从各自的立场出发去追求效率，一个是强调市场“先机”的经济效率，一个是掌握全局主动的“先手”效率，而其本质都是在权衡价值的大小与多少。用最少的棋子围取最大的空间，这是围棋的落子效率，所以围棋布局棋诀说：“布局先建根据地，金角银边草肚皮。”角部价值最大，可以用最少的子围出最多的目，所以行棋一般都是从角部开始的。经济学和管理学所讲的效率，似又与价值和时间联系得更加紧密，一个月运营快递邮包1亿件还是2亿件，其价值之差远不止十万八千里了。从这个意义上讲，围棋和经济学、管理学同理，都是在探究“快”与“先”乃至“效率”的个中奥秘。

再以多与少为例，围棋不过是占领空间地盘的游戏，弈棋双方你争我夺，为的正是掠地攻城多占据一点“地盘”空间而已。为了多占空，多掠地，每走一步都要计算空多空少或是价值大少，于是围棋又成了始终在判断空多空少和价值大小的“争地”游戏。经济学和管理学都主张“价值最大化”，日本最著名的企业哲学家稻盛和夫即说：企业的经营之道就是“以最小经营花费实现最大销售价值”。就是说企业的每一项经营策略和管理措施，都要考虑怎样节省成本，如何提高效益，如同围棋博弈，每走一步都要实现最合理的最大价值，不然走到最终，你所占据的“地盘”就会小于对方，企业的效益就会下滑。弈棋游戏投子认输也就结束了，企业输了则有可能面临破产或是倒闭。

争先即是效率，大小则是价值。若想实现最高效率和最大价值，围棋讲的是谋略，用到企业上则是战略了。初学棋时走一步看一步，能看到三步棋已算是入门了，谁看的步数越多，计算的路数越远，谁的胜率就越高。所以学围棋的人从来不会毫无目的地胡乱行事，三思而后行最多只能算个业务爱好，五思、十思或是更多的计算思考之后才肯落子，那才叫专业棋手。思考的路数越多，在盘面上谋划的空间也就越大，谋划的空间越大，你就越发需要全局性思考，或叫整体性思维，这时，每落一子都需要考虑通盘的联系，有牵一发而动全身的紧迫与压力，步步小心，如履薄冰，一着不慎，满盘皆输。所以只要入了门，或是想要下棋了，便不会再有摸着石头乱落子的棋手了，也就是《棋经》所说的“随手而下者，无谋之人也。不思而应者，取败之道也”。围棋行棋，总是有它的目的性和计划性的。企业的战略管理和目标计划也是同样之理，一个店铺考虑的或许只有一年的计划，稍大一点的企业就需要谋划三年、五年甚至十年的发展目标了。管理学上的战略与计划管理，无不是从系统出发而展开全局性的整体思考的，整体性思维的全局观，已是现代企业管理的基本前提。在人类思维理论发展史上，以“系统论”为代表的整体性思维模式不过只有百余年的历史，而围棋的“全局观”早在几千年前就出现了，可不令人惊叹吗？！

追求效率和价值最大化并不是无限的，越大越好那只是一厢情愿。经济学讲的“利润最大化”并不是说利润越多越好，而是指边际成本和边际效益相等时的最佳状态，超越了企业的运载能力，盲目扩大规模反而会带来效益下降甚至亏损。也就是说利润的目标不是最大化，而是最佳化。这在围棋中体现得尤为精到，效率和价值的最大化并非越大越好，“太过”必遭反击，反而给自己造成危险；“不及”则又自损利益，只会让对方占尽便宜。因此围棋和企业在追求效率和价值最大化时，关键是要准确辨析边界的“度”，不能太过又不能不及。《棋经》说“怯者无功，贪者先亡”，棋诀也有“不得贪胜”“贪者多亡”的说法，企业又何尝不是呢？

棋盘上虽然只有361个交叉点，但其变化却是无穷的，因此围棋从诞生到现在，几千年过去了，从未出现一盘相同的棋局，正所谓“自古及今，弈者无同局”，变化才是围棋的精妙所在。尤其到了中盘，局势多变，风起云涌，故有“审时度势选战场，随机应变出奇兵”的中盘棋诀。围棋虽然在布局和局部争夺上有所谓“定式”，学棋也多是从“定式”开始的，但到了一定水平，特别是达到九段成为国手时，棋手行棋便超越了“定式”，晋级到“无定式”的自由境界。围棋的妙处正在于“有定式而不唯定式”的无穷变化上。“有定式”是指围棋有其基本原理和基本规律，这是行棋发展的基础，倘若连基本规律都不遵守，结局可想而知；“无定式”则是在定式基础上的求变、演化与超越，此时行棋每一步都是在基本规律基础上的变化与创造，从而使围棋升华到了“规律与变化”“和谐与创新”的艺术境界。如清初大国手徐星友在《兼山堂弈谱》序中所说：“制于有形，不若制于无形；臻于有用之用，未若臻于无用之用。斯言何其隽永而可味也。此所谓神之至，变无尽也。”市场经济也一样是波澜壮阔、风云变幻的，企业务必要有计划和目标，还要有战略定位与管理制度。然而企业若是不能适应市场的变化而随时调整自己的计划与目标，原有的定位和制度便会成为约束企业创新发展的桎梏，企业的产品、服务和技术研发便会越来越脱离市场，最终被消费者所抛弃。企业应变、创新的能力越弱，企业的生命周期也就越短；反之，企业便充满朝气与活力。变化是创新之母，创新是应变的利器，围棋如此，企业亦然。

围棋既是竞争的游戏，更是中和的艺术。行棋要争先手，但实际上是“有先而后，有后而先”，棋诀也有“慎勿轻速”“入界宜缓”的说法；追求价值也并不是一味地求“大”，有时更要学会舍弃，做到“逢危须弃”和“舍小就大”，甚至“急所”更具有潜在的价值。动与静、快与慢、大与小、多与少、取与舍、虚与实、生与死……无不蕴含着中庸、和谐的智慧之道。当我们把围棋上升到文化来审视时，更会进一步认识到它与天圆地方、天人合一、道法自然的宇宙认知哲学又是一脉相承的。东汉班固在《弈旨》中说：“局必方正，象地则也。道必正直，神明德也。棋有白黑，阴阳分也。骈罗列布，效天文也。四象既陈，行之在人，盖王政也。”《棋经》说得更加明白：“夫万物之数，从一而起。局之路，三百六十有一。一者，生数之主，据其极而运四方也。三百六十，以象周天之数，分而为四，以象四时。”于是围棋一方面是争胜负的消遣玩耍的工具，另一方面则又提升到了天、地、人辩证同一的哲学高度，进而与琴、书、画并列为文人雅士修身养性的四大品玩艺术之一。这其中最值得一提的是围棋的生死观和胜负观，获胜的赢家并不需要将对方的棋子全部吃掉，大小多少并不以杀死对方多少棋子为依据，若是对弈双方棋力相当，胜负也多在半目、一目或数目之间，胜者只是“地盘”目数多一点而已，并没有将对方全部清除到棋盘之外，最终结局仅仅是大小多少之分，形成班固《弈旨》所说的“虽败不亡”的和合局面。从《棋经》所说的“善胜者不争，善阵者不战”也可体味出这一道理。这是一种胜负共生的局面，胜负的意义不是掌控生杀予夺的权力，而是大小强弱的共生共存。

聪明的企业家对企业的大小强弱、市场竞争也应抱有与围棋同样的共生观。市场有竞争，也需要竞争，没有竞争就没有繁荣。但竞争的对手不应是敌手，竞争不是为了消灭对方，不是你死我活为了操控生杀大权的残酷斗争。达尔文《物种起源》提出物竞天择的“适者生存”，被人类社会严重歪曲地误用到了经济领域，以为经济社会的市场竞争也同样适用于适者生存的丛林法则。不应该是这样的，让我们回归到和合共生的棋道上来吧，如围棋中的竞合，把竞争看作是提高技艺的游戏，共生共在才是竞争的原本目的，没有生物多样性的共生总体，没有众多中小企业的共存共在，哪还会有多数人的富裕和幸福？大型企业又将依赖什么而得以生存呢？竞争可以有胜负，也应该有输赢，但这不是竞争的目的，竞争的本质不是要摧毁对方，而是要在竞争中促进技艺的提高，实现大小共存，强弱共生。

稀缺假设的后果

1

我和妻子都喜欢看电影，不仅可在二人世界里消磨生活，更重要的是总觉得艺术到了至高境界一定是一种综合，而电影恰是综合艺术的佼佼者。

凡事看多了，再笨的人也能积攒些想法。妻子的眼球每每盯的是美国大片的艺术效果和生活细节，而我则习惯性地从故事情节中捕捉一些倾向性的思想。个人英雄主义已是美国文化的主流精神自不必说，总想着拯救地球，或主宰和控制世界的“美国老大”心理也是彰明较著的。《新神奇四侠》中美国中情局局长即说：“掌握了生物传输技术，就可以控制整个世界。”《掠食城市》甚至幻想千年之后地球被量子武器几乎摧毁，而残存下来的人仍然以掌控权力、主宰世界的思维进行着相互之间的争斗。这不由得让人想起某位美国政客说的，谁掌握了地球资源，谁就能控制全世界。

一说到资源，就不得不提到“稀缺”理论了。这一理论认为地球的资源是有限的，而人的欲望是无限的，有限的地球资源已无法养活日益膨胀的地球人口。于是便有那么一些极端主义者，认为地球人口已经过剩，应该行动起来抑制人口增长，甚至有必要“清洗”过剩人口。《但丁密码》演义的就是这样一种奇幻故事，极端环保主义者想通过病毒扩散来削减地球三分之二的人口，认为这才能拯救地球，这是为了人类的长远考虑。哈佛大学符号学教授罗伯特·兰登，以及世卫组织，在你死我活的惊险搏斗中，最终阻止了这场灾难。

如果只是一部影片这样演义，或许它只是一种艺术偶然，但若多部影片都有类似的情节，那就是一种思想倾向了。《王牌特工·特工学院》是根据马克·米勒、戴夫·吉布森的漫画作品改编的电影大片，由马修·沃恩导演，美、英合拍，故事主线围绕着科技天才瓦伦丁展开，他策划着一场足以让全球人类自相残杀的“清除行动”，街头混混儿埃格西，在特工教练哈利的举荐培养下，迅速成长为“麻雀变凤凰”的王牌特工，并制止了这场通过高科技手段扰乱人的心智，致使人类相互残杀，从而达到“削减人口”以减轻地球负担的屠杀危机。无独有偶，德国电影《火线干警·承担》，讲述的也是一股邪恶势力，认为地球资源稀缺，人口暴涨，应该“清除”三分之二，只有这样，剩下的人才能“更加幸福”。他们是想发射卫星，用科技手段改变大部分人的DNA，使其无法生育繁衍。

还有几部故事情节雷同的电影，我已记不清具体片名了。虽然手段不同，方法各异，或是扩散病毒，或是阻断生育，或是直接或间接杀戮，等等，目的都是想“处理掉多余的人口”，以减缓资源稀缺的地球负担，让生存下来的人活得更加轻松愉快。表面上都是些离奇的故事，但相同的故事多了，便不能不说它也反映了某种思想伦理，其内核无非是在资源稀缺的总体环境下的“适者生存”，存活下来的人都是“适者”“强者”，根本目的就是要“淘汰不适者”。早在一百多年前英国思想家赫胥黎在其《进化论与伦理学》中，对这种“生存斗争”的残酷想法已有所批评，他说：“有些人总是在盘算如何主动或被动地消灭弱者、不幸者和过剩的人，他们还认为其所作所为是理所当然的，声称这样做是受命于宇宙过程，是确保种族进步的唯一途径。”他指出这样的人实际上已“没有了良心”“只剩下自私自利的精打细算”。但他也认为，“饥荒、瘟疫和战争过去是、现在仍然是生存斗争的常见因素，它们以粗野、残忍的方式来减轻人口问题所带来的巨大压力”。可知每一种思潮或思想，尤其在其反映到综合艺术之中时，绝不是一朝一夕就能一蹴而就的。

2

但凡生物都有一种恐惧心理，总怕自己饿着，总是担心自己的食物不够，或自己贮藏的食物被其他生物抢走。所以从古到今，总有一些人认为我们的食物不足，地球的资源有限，进而认为一切争端和斗争，都与资源稀缺有关。于是人们争先恐后地囤积财富和资源，不仅饿怕了的人有这种心理，那些掌握了大量物质资源甚至是富可敌国的人，这种心理也从未稍减。毕竟所有的生物，活着就需要各种资源。

“仓廪实而知礼节”，无人不知这是《管子》的唯物主义思想。其实《韩非子》在“五蠹”篇中，把人口与物资的关系讲得尤其明白：“古者丈夫不耕，草木之实足食也；妇人不织，禽兽之皮足衣也。不事力而养足，人民少而财有余，故民不争。是以厚赏不行，重罚不用，而民自治。今人有五子不为多，子又有五子，大父未死而有二十五孙。是以人民众而财寡，事力劳而供养薄，故民争，虽倍赏累罚而不免于乱。”意思是人多物少，是纷争和战乱的主要起因。

北宋时期王安石和司马光当着皇帝的面也曾有过一场争辩，王安石认为，“国用不足”是因为没有得力的理财官员，有了优秀的理财人，就可以“不加赋而国用足”。司马光反对说：“天地所生财货百物，止有此数，不在民则在官，譬如雨泽，夏涝则秋旱。不加赋而国用足，不过设法以阴夺民利，其害甚于加赋。”在司马光看来，天地所造蛋糕就那么大，官府切得多了，留给百姓的就会减少，国富民贫绝非治国理政的上策。这与韩非子所说可谓异曲同工，讲的都是物质资源的有限性，关键在于如何分配。

东方人的思维常常基于感性，各种感性认知方方面面大多触及了，然而再往深处推论，则就往往缺少理性功夫了。西方则不然，每每有了些许认知，就要变着法地往深里琢磨，直到成立了定律、规律或是理论为止。同是对资源有限性的看法，西方竟发展成了“稀缺思想”，由于这一理论很难用具体数字实证，因而学术领域又称为“稀缺假设”。迄今为止，“稀缺”仍是西方经济学等很多学科的思想前提。

也许西方人对资源稀缺的认识没东方早，但它一经提出便很快发展成一种学说。如果说 18 世纪和 19 世纪还只是“稀缺”假设的酝酿期，那么经过 19 世纪末和 20 世纪初的理论积淀，到了 20 世纪中“稀缺”便已经成为经济学以及生物学等多种学科的理论起点了。

古典经济学从配第、斯密到李嘉图，虽然没有明确地把“稀缺”研究上升到理论高度，但在实际探索中已自觉不自觉地将资源稀缺置于讨论前提了。配第把土地当作财富之母，劳动是财富之父；斯密则认为土地等财富是稀缺的，重要的是如何通过人们“自利的行为”以增加国民财富。李嘉图在《政治经济学及赋税原理》中明确指出：“具有效用的商品获取其交换价值的来源有两个：稀缺性和获取商品时所需的劳动量。有些商品的价值是由其稀缺性所决定的。劳动不能增加它们的数量，因此其价值不能由于供给的增加而减少。”从此，资源的“稀缺性”便在经济学研究领域奠定了重要地位。

19 世纪还有两位学者对“稀缺”的研究起到了推波助澜的作用，一位是英国的马尔萨斯，一位是法国的瓦尔拉斯。马尔萨斯在其《人口原理》中提出了两条公理：第一，食物是人类生存所必需的；第二，男女两性间的情欲是必然的，且将保持下去。于是他推论：人口若不加抑制，将按照几何级数增长，而生活资料仅以算术级数增长；人口的无限增殖力大于土地为人类提供生产生活资料的能力；人口的增殖力和土地的生产力天然地就不相匹配，而食物为人类生存之本这一伟大法则必须不断使这两者保持一致，这便形成了社会自我完善过程中不可克服的巨大困难。瓦尔拉斯作为 19 世纪晚期西方边际主义经济学的奠基人之一，他在《纯粹经济学要义》一书中，首次为“稀缺”“稀少”下了定义：所谓社会财富，指的是只要是稀少的，不论是物质或非物质的一切物质；物质只是以有定限的数量供我们利用，意思是说某物质并不存在着那样大的数量、使我们每个人可以随手取之不尽，从而完全满足每个人的要求；稀少与丰富在这里并不是相对的，在政治经济学中，一种物质不管它怎样丰富，只要它有用并且在数量上有定限，就是稀少的。瓦尔拉斯的最大贡献，在我看来是他的辩证思想，即他并没有把稀少和丰富对立起来。

“稀缺”理论真正走向成熟，代表人物是保罗·萨缪尔森。他的《经济学》于 1948 年首版发行，之后几乎每三年更新一次，迄今已有 19 个版本了，在西方被誉为“经济学圣经”。他认为“稀缺”和“效率”是经济学最重要的两个概念，即物品和资源是稀缺的，相对于需求，物品总是有限的，社会必须有效利用这些资源，以满足人类的愿望和需要。从此经济学便被定义为研究社会如何利用稀缺资源来生产有价值的商品，并将它们在不同的个体之间进行分配。很多学者在此基础上，将“稀缺性”定义为无限欲望与有限资源之间的关系学说。1972 年罗马俱乐部发表的关于增长极限和人类困境的报告，更是通过数据统计，把资源稀缺的假设推论到了难以驳斥的耸人境地。[①]

西方学者无论哪门学科，都习惯于先给自己设定一个假设目标，然后一步步地推论求证，一旦证实，一门新的知识或定律也便诞生了。经济学最初的假设是“人本理性”或“人本自私”，论证来论证去，发现人不一定是理性的，也不完全是自私的，偌大个学科仿佛一下子没了根基，说服力自然也就打了折扣。现在终于完成了“稀缺”假设的理论构想，似乎经济学的目的和任务这才明确下来，这幢学术大厦从此才有了稳固的根基，甚至有学者说“稀缺”是基本事实，而不单纯是假设了。兰德雷斯和他的伙伴在著述《经济思想史》时，更是把“稀缺”列为现代经济学思想的核心焦点：“人们可感知的需要通常是无限的，人类常常是贪得无厌的，然而资源（经常被划分为土地、劳动、资本及企业家才能）却是有限的。为了解决稀缺性问题，需要一种社会机制在无限的选择中间来分配有限的资源。”他从历史发展看问题，认为古往今来先后有四种分配机制，而西方现代社会市场成为主要的分配形式。[②]

---

① 丹尼斯·米都斯，等. 增长的极限——罗马俱乐部关于人类困境的报告［M］.李宝恒，译.长春：吉林人民出版社，1997.

② 哈里·兰德雷斯，大卫·C. 柯南德尔. 经济思想史［M］.周文，译. 北京：人民邮电出版社，2014.

3

也许会有无理由的存在，但真实的存在必是有它存在理由的。“稀缺”假设即是那种有充分理由的存在，所以尽管一直争论不休，你仍很难一下子找到更加充分的反驳意见。本文并非想对“稀缺”假设横加评论，而是想认认真真地思考一下“稀缺”假设给我们带来了哪些影响。

“稀缺”作为基石为经济学奠定了牢固的基础，毫无疑问这是它排在第一位的贡献。而“资源稀缺”一旦被传用久了，它便有可能成为一种思想观念和思维习惯，就像谬误被说上十遍、百遍之后便有可能当作真理一样，这时它的影响就不仅仅局限在某个学科领域了，它会超越学科去影响整个人类的思维心性和行为规范。“资源稀缺”引起生物学的高度重视，进而由生物学家发起的保护生物多样性资源的环保主义运动，正可看作是这一假设思想排在第二位的贡献。因为稀缺，人们会提高知识和技术以增加物质资源的生产，资源稀缺也换来了专注与回报。至于穆来纳森和沙菲尔在《稀缺——我们如何陷入贫穷与忙碌的》一书中，尝试把“稀缺”思想延伸到更广阔的研究领域，其积极的影响和贡献更是一语难表了。

如同月球有光亮面和阴暗面一样，我们长期仰望的是光亮面，而我国的探测器着陆考察的则是月亮的另一面，可见探知阴暗面尤其不容易。“稀缺”假设也一样，当我们看到它学术成就的耀眼光环时，是否也曾想过它还有另一种影响力？而正是这另一种力量对我们的影响可能更大，甚至更残酷呢？不妨我们也发出这样一种探测器来探视一下。

探视的结果不言而喻。如前文提到的，总有那么一些人或极端组织，认为地球人口过剩，应该“清洗”或是“灭绝”三分之二的人口，剩下那三分之一就会快乐幸福地生活在地球上了。转基因食品是不是影响了一些人的生育能力，此次新冠病毒肆虐全球，说不准有那么一些人正在暗地里拍手称快呢。我的老同学孙晓春翻译出版的《自然的终结》，书中提到20世纪70年代由戴维·弗尔曼领导的一个名为“地球优先”的荒野社团，誓言挑战现代工业文明，把岩石磨成的砂粒掺进机油，在飞机跑道上撒盐等，结果弗尔曼于1989年被送进了监狱。

行为的极端无不是由极端的思想支配着，这样的极端思想说到底是对“资源稀缺”的一种恐惧。“稀缺稀缺”喊得久了，就像饿久了自会产生一种饥饿恐惧一样，慢慢地也会生出一种“稀缺恐惧”症来。这时真正可怕的已经不是资源的稀缺，而是俘获了我们大脑的稀缺心态。正如哈佛大学行为经济学教授穆来纳森带领一班人马研究证实的，资源稀缺不可怕，就怕有稀缺心态。稀缺心态是一切稀缺的根源。稀缺造成的后果不仅仅是因为我们会因拥有的太少而感到不悦，而是因为它会改变我们的思维方式，会强行侵入我们的思想之中。我们的思想会自动而强有力地转向未得到满足的需要，你越是强调资源稀缺，他就越是想要拥有资源、抢夺资源，甚至囤积各种资源。有学者说地球人口太多了，生产出来的粮食已经养不活这么稠密的人口，就会有人想尽办法垄断食物的生产，或者设法“清除”一些能够争夺食物的生物或人口。有研究说地球贮藏的石油供给地球人使用的年限已经不多了，从此主产石油的海湾地区在富起来的同时，再也没有安宁的日子可过了。为了石油等资源，从贸易到金融，由政治到军事，一切可以利用的手段，无所不用其极。“资源稀缺”甚至已经成了影响全球政治格局的重要因素。

对稀缺的恐惧更是影响了人的行为，越是稀缺的东西越是要去争抢，于是稀缺会进一步延续并加剧稀缺，在市场的基础上又为竞争找到了另一个合理的理由。资源是有限的，满足了别人就有可能满足不了自己，为什么不去竞争呢？这是有我没你的竞争，是胜者为王的竞争，是适者生存的竞争，通过竞争淘汰那些“不适者”，存活下来的“适者”“强者”，才会生活得更加美好。赫胥黎虽然不完全赞成马尔萨斯关于人口原理的一些提法，但他也并不反对适者生存的自然竞争。他甚至认为“让权力和财富掌握在精力最充沛、最勤劳肯干、才智最出众、意志最坚定且对人类富有同情心的人的手上，是一种很理想的情形。只要争夺享受资源的斗争，有利于将这样的人置于有财有势的地位，那么这种斗争的过程就有助于造福社会”。在他看来，这样的竞争不是争夺生存资源，而是争夺享受资源。不难想见，如果不是想要淘汰那些“劣等民族”，让“适者”的民族更加纯正优势，或许希特勒就不会发动第二次世界大战了。直到现在仍然有人认为，只要竞争是公平的，适者生存的竞争法则就是合理的。面对那些在新冠病毒来袭时首先倒下的老人和弱者，看着那些疫苗紧缺的弱势群体，有些人竟能熟视无睹置若罔闻，还振振有词地要“自然免疫”，很难说他们内心深处不存在这种适者生存的竞争想法，或许这正与达尔文拜赐的思想有着深层的关联。于是乎，资源有限的稀缺假设，进化论的适者生存，自由竞争的资本主义市场机制，便以铁三角的架势自然而然地尿到了一个壶里，为社会精神铸就了稳固的道德伦理和价值观基础，形成人类文明发展中的强势型社会体系。

把人的欲望说成是无限的，资源自然就是有限的了。难道真的存在可以脱离实际限制的欲望吗？孩子初进商场时，看到琳琅满目的各色商品，见啥要啥，那时我即对孩子说：想要没问题，都搬回家也行，但要看看自己兜里有多少钱呀？你若想要天上的星星，爸爸真想摘一个给你，可是爸爸怎样才能上到天上去，又怎样才能把星星拿到地球上呢？我想告诉孩子，人不是什么欲望都能实现的，欲望可以超越现实，但也不能离谱到不受任何制约的程度，没有制约的想法那不叫欲望，而是叫奢望或狂妄。事实上人的欲望从来没有远离过实际，欲望并不是无限的，而是可以节制的。无限和有限不是截然对立的关系，也不是断然分开的两极关系，物资和需求是相互制约、相互联系、相辅相成的对立统一的共生关系。倘若无限真的可以超越有限，人的欲望果真不受任何制约了，那么这个地球就会真的“有限”到可怜的地步，而人类便真的没有希望了。

关于人才与创新

人才的层级

国家统计局公布，2019 年全国人口有 14 亿 5 万人，号称泱泱大国，名副其实。有意思的是，我每到一个企业，每次与企业家交谈，听到的几乎都是“缺少人手”“招不到人才”的感叹。一方面，在机场和车站，尤其是春运期间，看到的都是人流涌动，芸芸众生；另一方面，无论自己开办企业还是朋友的公司，似乎最缺少的还是人，合作起来得心应手的那种人，或许这就是人们常说的那种人才。你要人？遍地都是！你若招一位经理、总经理、总工程师什么的，那可就千里难寻了。古人所说的“千军易得，一将难求”，看来“人之多与人才之少”的社会现象，自古已然。

在广州跟朋友一起初创公司时，招的第一名员工可算是元老了，后来又把他带到大连，提升到项目经理的位置，不在我身边，我也就用不着指手画脚，要的是他独立自主的工作能力。于是问题接二连三地出现了，不仅项目业绩下滑，还发生了许多不该发生的故事。起初我尚有耐心，一起分析原因，或是通过会议的方式探讨解决问题的方法。当这一切都不奏效时，指令式的管理以及言语过激的地方也就在所难免了。这时对双方都是个考验，当我还没想好下一步该怎么办时，他却一走了之，甚至连个招呼也没打就不辞而别了。后来有朋友告诉我，他走后在网上发了许多不利于公司的言论，我说这不是他的错，是我用人不当，有些人只适合接受指令式的工作，你把他放在独当一面的岗位，受损的不光是公司，他本人在不堪重负的压力下，内心比公司更难受。能力和位置不匹配，或者德不配位，是选人用人出了问题，也是个人能否跟上时代步伐的问题，不匹配的结果必然是双方都不好受。

亦步亦趋，人云亦云，给个指令就能行动的人比比皆是，相对于给了指令还不能行动的人来说，“行动”或叫“执行力”在人才的层级中也算是上了一个台阶。前不久我到云南曲靖，在参观城市规划展览馆时，工作人员说什么也不让我拍照，我忍不住拍了几张，他们甚至要来抢夺我的手机，我说：“展览就是让人看的，目的是要宣传曲靖，我拍几张发到朋友圈里，为曲靖的推广宣传出一份力不是大好事吗？”“不行，不准拍，这是规定。”看着他们煞是认真的样子，我想，这也真是按规定行事而从不想着改进规定的“行动”型人才啦。如果他们能根据实际情况，主动反思这样的规定是否合理，并进而改革提出一整套的新规定，可能对曲靖的招商、营商环境都是一种改善和提升。毫无疑问，这样的“主动”执行力在人才的层级中又上了一个新台阶。

“主动”行动并不意味着一定有好的结果，虽然它比“行动”又晋了一阶。大多数员工其实都是愿意“主动”做好本职工作的，但工作的结果为什么会有千差万别呢？这其中的因由原本有很多，我以为最重要的，也就是能够决定“主动”结果的，莫过于“创新”或“创造”能力，也就是管理学常说的“创造力”了。具备了“主动”精神却做不出更好的结果，表面上是工作能力问题，本质上则是创新能力，是创造力的问题。曲靖规划展览馆若想改变管理规定，便具备了“主动”精神，而新的管理规定是否更加合理或有利于规划展览与服务，则就是创造能力的问题了。“主动”精神某种意义上就是对墨守成规的突破，已经站在独立自主、独立思考、独当一面的起跑线上了，接下来如能创造出更好的新规章和新业绩，你便在人才的层级上又上了一个阶梯，达到了人才级别的最顶端。所谓人才层级，就是从懒动、缓动到行动，再从行动到主动，最后从主动上升到创造。创新型人才，是人才的最高层，谷歌公司称他们是“创意精英”，社会的不确定因素越多，人类的网络数字信息化变数越大，就越是需要“创意精英”式的创新型人才。

创新的培养

人们常说的人才，一般组织最需要的人才类型，其实多半是指创新型人才，指那些给其 1 他能还给你 2，指定 10 他能创造出 100，具有独立思考、自我发挥、一夫当关、发散创造的人才。我在《共生管理》序言中曾说，一个人最重要的才能是能够自己去思考、去领悟、去创造，而创造正是对原有的习惯和模式的突破，是对结构的解构，对规则的叛逆，对权威的质疑，对人生无拘无束的享受，对自我的超越与实现，是让无变成有，让不可能变为可能。

创新与创造并不是什么神秘的力量，它是每个人都具有的与生俱来的天赋。原始人狩猎时的随机应变，土著人狂舞时的任意发挥，部落民族对植物的辨识与种植，婴儿绘成的方形太阳，儿童无论左手右手是抓是握的拿笔写字姿势，等等，无不是人类创造天性的自由释放。创造之所以首先是对原有习惯和模式的突破，说的正是人类自身的创造力大都是被人类自己积习下来的文化民俗和各种经验给束缚住了。泯灭人类创造力的，正是人类自己，是人类给自己养成或定下的各种习惯、规矩和条条框框。但是人类终究又是群居型的社会性动物，没有制度便没有秩序，没有规矩便不成方圆，如何形成有制度的自由，有规矩的解放，有范示的创新，这便构成了人类既有秩序又有自由，既有规范又有创新突破的哲学艺术。

头发原本是自由生长的，在第一次给婴孩剪头发时，婴孩没有不乱哭乱叫的，因为你干涉了他们头发的自由生长，你同时也把剪头发的习惯教给了他们。孩子最初吃饭没有不用手抓的，是大人硬是逼着他们使用了刀叉或筷子。大人总是自作聪明地把自己认为应该怎样的东西灌输给了孩子，殊不知孩子自由的想象与创造能力也便一天天地被大人的习惯与规矩给日积月累地、耳濡目染地、不知不觉地淹没了。著名的“贝贝熊”幼儿书系，在教育孩子如何学做吐司时这样写道：“用烤面包机烤三片面包。”我带着孩子操作时烤了五片面包，用的是烤炉，孩子大叫说：“不对，要用烤面包机，是三片面包。”我惊讶得张开的大嘴差一点儿合不拢了。大人或社会越是把成熟的经验、固定的答案、标准的规范灌输给孩子们，孩子们自由天真的想象力和创造力就越是被束缚、被扼杀掉。你教孩子“O”是英文字母，读音“欧”，孩子以后见到它的第一反应便是字母，你若同时告诉他“0”还有可能是数字符号，或是皮球，或是月亮，孩子就会展开想象力的翅膀。人类创造力的最大敌人，也就是人类自己，正是人类自己养成的习惯、自以为是的经验和总结发明的制度，遏制了人类自己继续前行的创造动力。

行为科学告诉我们，人类有80%多的行为是受习惯支配的。而习惯恰是从婴儿期便开始养成。分床睡的婴儿未必就少了抚爱或安全感，独立自主的个性没准儿正是从分床睡开始的。总是呵护在手心里，下雨了怕淋着，下雪了怕冻着，上高处怕摔着，下水后怕淹着，没了丁点儿的冒险勇气，长大后也便没了创新的底气。在幼儿园就教给孩子5+2=7，回家后问孩子2+5=？、6+1=？、3+4=？，孩子一时被问得一头雾水，没了多解和最优解的概念，孩子也便没了联想与思辨和逻辑，用模板式的固化思维框住了孩子，孩子也便不再去创新与创造。上学后老师问：“雪化了是什么？”孩子答：“雪化了是春天。”老师批：“错！是水。”所以我曾说：“所有标准化的答案都是在折断想象力的翅膀，任何已形成的规矩都是对创造力的羁绊。”

创新绝不仅仅是个人行为，创新需要一种群体环境，创新型人才密度超高，创新的氛围就越加浓郁，创新的成果也便越发丰富。父母具备了创新思维和创造习惯，孩子便不会人云亦云、故步自封；企业老板喜欢听不同意见和独到见解，企业自会鼓励创新并充满活力。经济学家张维迎教授曾大谈“市场的逻辑”，思想和商品一样，都需要有一个自由宽松的整体环境，如果说没有产品创新就没有活跃的市场经济，那么同样，没有活跃的思想也就没有人类的未来。思想和商品一样，都需要鼓励创新和自由宽松的社会环境它才能百花齐放地活跃起来。创新是需要稳定安全的总体环境的，社会治安不好人就会变得胆小，胆小了就退缩，退缩了就不够闯荡，不够闯荡就没有创造。有了不同意见便不受待见，一来二去人们便缄口不言了，没了“脑力激荡”的相互交流，创新型思维便无从诞生。人类社会经过文艺复兴冲破了宗教的藩篱，才迎来了哥白尼、牛顿、达尔文、爱因斯坦等科学发明的黄金时代，才涌现出康德、黑格尔、马克思、尼采、韦伯等一大批思想家。人文科学和自然科学在思想上是相互关联的，没有人文科学的活跃，便不会有自然科学的繁荣；没有自然科学的进步，人文科学也将止步不前。自然科学和人文科学的每次进步，都不是神灵的创造或上帝的恩赐，而是无数的科学家和思想家甚至付出被烧死、被绞杀的代价换来的。这再一次说明阻碍人类创新创造的并不是存在于外界的任何力量，而只在于人类自己，在于人类社会固有的观念意识和规范秩序。如果我们迫切地需要创新型人才，首要的任务并不是如何才能急切地招聘到他们，而在于我们能否营造出滋生创新型人才的整体环境。

所以，鼓励人们创新创造首先就要改变人类自己，克服人类固化的思维和模式化的习惯，认识到万事万物原本就是多元多样、多解多变的相互联系。但这并不等于我们就不要了经验、没有了范式、抛弃了规矩，甚至回到了虚无与虚幻，恰恰相反，一切创新与创造都是站在原有经验上的升华，都是对原有模板范式的突破与再造。创新与创造需要天马行空、无拘无束的胆识与气质，但这并不等于你就可以无法无天、胡编乱造。创新与创造的本质，是传承与突破、过去与未来、规范与自由的和解与同一，它们是相互依赖、相互联系的共生共在。

生命里的音乐

感动我们生命的东西很多，生命里舍不去的东西也很多，音乐就是其中的一种。如果排位，音乐就是排在最前面的那一种。

有没有那么一首歌，每每它的旋律响起，你的内心便开始悸动，热泪盈眶，美好的回忆涌上心头？

两三岁记事时起，家里就有一台上海牌立体声电唱收音机，很高很气派的长方形大木头箱子，颜值极为华丽，立体声喇叭外面绷着咖色印着金丝菊花的布，上面那层是可以放塑胶唱片的电唱机。妈妈买了好多唱片，电唱机立体声效果极好，苏小明的《军港之夜》，朱明瑛的《大海啊故乡》以及《咿呀呀哦雷哦》等，都是我在两三岁听熟的旋律。每天晚上妈妈都准时打开下面的收音机，让我和姐姐收听中央人民广播电台的《小喇叭》节目，至今我还记得小喇叭开场音乐：打嘀嗒——打嘀嗒——打——嘀——嗒，小喇叭节目开始啦！

五六岁时工厂俱乐部播放电影《少林寺》，只记得里面有个牧羊女长得好漂亮，《牧羊曲》的旋律好美好美。《泉水叮咚》也是一部电影吧，主题曲也像泉水一样清脆动听。厂里的大喇叭无数次地播放着这些歌曲，曲调和歌词早已熟悉。

慢慢大一些了，有八九岁吧，我们搬家了，搬到了有室内卫生间的小两室，一个长方形的大通走廊里住了四家人，隔壁小朋友华华家里买了一台收录机，于是她家天天飘出邓丽君、凤飞飞、韩宝仪的歌曲，《甜蜜蜜》《小城故事》《月亮代表我的心》《往事只能回味》《今宵多珍重》，我端着香喷喷大碗米饭站在长长的走廊上，米饭上面盖着青椒炒肉丝，华华端着一碗放了好多芝麻油老远就能闻到香味的面条，我俩笑嘻嘻地站在一起，我用筷子大口大口往嘴里刨着饭，华华夹了一大筷子面条，噘着嘴吸溜吸溜地吃，和着20世纪80年代的经典歌曲香香地吃饭，就这样我们慢慢地长大。

工厂里每天都要响广播的，专职广播员除了广播国家、省内、厂内新闻，还与时俱进地播出歌曲，各种类型都有，流行的、革命的，比如《咱们工人有力量》《我们走在大路上》等。

1986年，家里买了一台长虹牌18英寸大彩电，港台歌星MTV慢慢开始风靡全国，张国荣、四大天王、Beyond、张雨生、张惠妹、李宗盛、罗大佑、刘德华、张学友等，国内有摇滚天王崔健，还有杨钰莹、毛宁、林依轮……不管喜不喜欢听，那些年我总是时常浸润在他们的歌声里。

20世纪90年代初妈妈托人从香港给我买了一台雅马哈电子琴，几位小朋友的家长合请了一位音乐老师给我们上课，没上几节课，老师就调走了，我凭着那几节课学到的点滴知识，竟也弹出了许多当时的流行歌曲，比如喜欢罗大佑的《恋曲1990》《童年》等，几乎每天写完作业，都要自我陶醉地弹上几曲，幻想自己是舞台上的明星自弹自唱。有一天同学问我："环环，是你每天在家弹电子琴吗？"我说："是呀！"同学说："那天我站在你家楼下听你弹了一个多小时，太好听、太棒了！"那台电子琴直到2019年依然好用，已经是古董电子琴了吧。

《最真的梦》是高中时最爱循环播放的一首歌……

1995年上大学，大凉山彝族三个小伙山鹰组合的歌是枕边歌，有《七月火把节》《索玛花》《走出大凉山》。大二那年我过生日，学校里有广播节目，好多同学花钱为我点山鹰组合的歌，《七月火把节》在校园里多次回响，我人品太好了，仿佛一下子成了校星！

2000年工作以后开始有了CD机，慢慢的，电唱机、唱片、磁带、录音机成了古董。2001年，我和老公结婚，婚后，老公去北京出差，买回一大堆古典音乐碟，有交响乐，小提琴独奏，钢琴独奏，贝多芬、海顿、肖邦、肖斯塔科维奇等，还有卡拉扬指挥的作品。我当时饶有兴致地把CD碟往机里一放，交响乐那震耳欲聋的声音把我吓了一大跳，当时不解地对老公说："你怎么喜欢这么恐怖的音乐？"老公对牛弹琴般地对我笑笑，于是那一堆碟片被束之高阁。

老公 14 岁考进市文工团，演唱过一段时间，后又做专职二胡演奏员，小提琴、长号全会，还演过电影。考上名牌大学后，一次欢迎外宾的演出是由长影乐团协奏的二胡独奏，老公从小的音乐根基牢，根红苗正。他喜欢的是古典音乐，交响乐和那些有大气磅礴有思想有内涵的歌曲，比如郭兰英、李双江、蒋大为等老艺术家的作品。老公说我喜欢听的全是"靡靡之音"，只要是我喜欢听的流行歌，老公听得都昏昏欲睡，有时笑得我也眯上了眼。

2005 年，我和老公在旅顺办事，顺便买了一盘 CD，破天荒地发现一首我们都喜欢的歌，凤凰传奇的《月亮之上》，简直是天籁之声，我们一起反复听了很多遍，在这首歌曲上，我和老公能达成共同欣赏的共识，慢慢地我们又有了很多都共同喜欢的歌，如《天边》《父亲》《鸿雁》《天亮了》《千年之约》等。

2008 年，福娃出生。2012 年福娃开始和杨洋老师学钢琴，为了培养她的乐感和爱好，我把车里的碟片全部换成了古典音乐，有郎朗、薛啸秋、茅为惠、傅聪等演奏的钢琴曲，世界著名乐团演奏的大型交响乐，吕思清的小提琴曲等，我在福娃面前假装喜欢听。我们有幸请到美国朱丽亚、科蒂斯音乐学院的教授们来家中做客，在欣赏中国古典家具和文化的同时，老师们精彩的钢琴演奏让我们永生难忘。老师让福娃在钢琴上弹出几个音，他马上以这几个音即兴演奏。黄楚芳老师可以把钢琴曲《春江花月夜》弹出古筝的感觉，实在太美妙了。老公的二胡演奏让美国老师们了解了中国乐器的神奇，两根弦的乐器可以拉出多么悠扬的乐曲。这个过程让我从开始接触古典音乐时的假装陶醉，到后来真的渐渐爱上了古典音乐，那种和谐美、画面感无法形容。每年的维也纳新年音乐会成了我们家庭必看的节目。全家带着福娃去听各种音乐会，也成了生活中的小确幸。有一天，我翻出了老公当年买的那些被我束之高阁的古典音乐碟，简直太佩服当年的他，全是名家演奏或指挥，著名交响乐团的极为珍贵的作品。

2018 年，福娃参加大连市城市音乐中心的钢琴马拉松活动，她演奏了一曲海顿的《C大调奏鸣曲》，其间一位白发苍苍的外国友人走进来欣赏，我发现当福娃用心弹奏时，那位外国友人的身体也跟随旋律节奏打着拍子，痴迷的样子很是投入。这首曲子时间较长，琴声一落，他非常热情地鼓掌，娃下场后正好坐在他座位的前面，他有礼貌地拍拍娃，娃一回头，他微笑地送给娃了一个大大的赞。后来才知道，他是巴西的一位国宝级钢琴家，是这次音乐中心开幕的嘉宾之一。

闺密纪晓萍是著名画家，乔迁新工作室时邀我去参观，她的油画以生命的温暖为主题，传递着内心的和谐以及人与自然的共生。工作室是简洁的黑白灰色调，简欧的家具，优雅的植物，我俩坐在桌边，握着高脚玻璃杯品着红酒，聊着天，背景音乐是舒缓悠扬的小提琴曲，生命仿佛又到了另一个境界！

人的爱好会随着环境的变化而改变，原来的“靡靡之音”我依然爱听，偶尔在路上听到，我会激动会兴奋，在家里我会放着背景音乐，品着茶或捧一本书，自己享受着、回忆着。古典的老公也开始接受流行音乐了，二胡曲中竟也有了邓丽君演唱的曲调，而我也渐渐喜欢上了钢琴和交响乐。

2019年，我和老公去看了一部名叫《波西米亚狂想曲》的电影，是纪念英国殿堂级摇滚乐队——皇后乐队主唱弗雷迪·莫库里的，影片结尾，皇后乐队参加拯救生命演唱会时，那玩命的投入和疯狂的表演，深深震撼了我俩，原来摇滚也可以这么精彩！

音乐是人类生命中不可或缺的一部分，人类的各种情绪都可以借由音乐来表达，音乐又是启发灵感、慰藉心灵、抒发感情的宇宙语言。不论是哪一种音乐形式，古典、流行、浪漫、摇滚、爵士、民族、乡村的，存在必是合理的。这个世界也是在无数种音乐形式的和谐共生之中演绎着精彩，很难想象世界不存在音乐将是什么样子。音乐是无国界的，可以通行全球，甚至宇宙！我相信可以用音乐与外星人沟通！我甚至幻想，没准儿外星人正在收听我们地球人的音乐呢！

以我突然回忆起的一个小故事结束这篇文章吧。1994年暑假，我和怡芳（我的大学室友）一起去成都昭觉寺游玩，我们看到几个老外聚在门前的草坪上弹吉他唱歌，他们唱得确实很好听，我不禁被感动了，也凑上去跟着哼唱起来。也许是我陶醉的表情吸引了其中一位女孩的注意，她主动过来跟我交谈，并留下了她的美国地址，她叫 Amy，非常美丽和善良的女孩，她曾多次来到中国，音乐使我们成为多年的笔友。如果我这段文字能够刊出，真希望她在异国他乡也能看到。

（本篇作者：徐照环）

生活的逻辑

看了林真好《鸟葬》一文，当时我批注了如下一段话：

心中有爱才能珍爱生命，有爱才能感知爱，这就是爱的逻辑。

爱，是一种共情，它不仅体现在人与人之间，也体现在人与动物、人与自然之间。这种珍爱生命的共情，也正是一种共生之爱、宇宙之爱。

生命的演化也许有很多途径，很多逻辑，然而总括起来有两条主线却是最为清晰的，一条是竞争的逻辑，一条是共生的逻辑。

竞争逻辑也是斗争的逻辑、征服的逻辑；共生逻辑则是生活的逻辑、合作的逻辑。

征服逻辑是适者生存逻辑，认为世界万物的基本法则是生存斗争的丛林法则，主张自由竞争，胜者为王，在适者生存的自然规律下人人平等，人是地球的主宰，而主宰人类的，是人类中的强者，强者的逻辑是自由竞争下的优胜劣汰，在平等和自由的普世价值观下实现文明的传播与强者的统一。

共生逻辑是世界大同逻辑，人类生活的逻辑，强调“万物并育而不相害，道并行而不相悖”，是不同民族、不同文化、不同种族、不同物种相互承认，彼此尊重，不分大小，承认差异，协同合作，良性竞争，友爱万物，是和谐共在平等共生的逻辑。

共生是差异的和解，大同是存异的包容。斗争是竞争的升级，征服是斗争的极致。

共生中有竞争、有斗争，斗争中有依赖、有并存。竞争是因为存在差异，差异是共生的前提，没有个性，没有差异，也就不存在竞争和共生，因此竞争是共生之所依，共生是竞争之所趋，竞争不是清除差异，竞争是包容的另一种相依。因此，共生是斗争的和解，但不是竞争的终结。

天下共生，是爱的逻辑，是生活的逻辑，是共生与竞争的逻辑归依。

爱的逻辑是共生逻辑，也是生活逻辑，是福柯所说的“生存哲学艺术”；竞争的逻辑是征服逻辑，也是权威逻辑、权力逻辑，是尼采笔下的“权力意志”。生活逻辑和权力逻辑又是文明演化的两条不同轨道，生活逻辑是百姓的、人民的、务实的、社会的；权力逻辑是神祇的、士族的、权贵的、思辨的。生活轨道上涌动的是生活的艺术力量，权利轨道上运行的是权力的威严。

生活的世界里流动的是和谐、共享、依存、共在的风俗文化；权力的王国里施弄的是等级、阶级、斗争、诡术的相互较量。生活逻辑是其自在、自娱、自我的天伦之乐；权力逻辑是其指使、号令、掌控的争权夺势。

权力基于生活之上却又离不开生活，生活可以独立自在却又总是滋生权力。生活滋养着权力，权力却颐指气使地对待生活。生活孕育权利，权利影响生活。生活在滋养权利的同时，因为自身的改变也在改变着权利，权利在指使生活的同时也在融入生活。

生活文明是百姓的、人民的、社会的文明，而权力文明则是神祇的、士族的、贵族文明。人类历史是在生活轨道和权利轨道上不断运行的冲突与和解，这个过程是生活和权利不断地相互交织、相互联结、相互依赖、相互融合的历史，而这个历史的动力和方向却始终来自生活、向着人民。因为生活本身即意味着付出和贡献，如阿德勒在《自卑与超越》中所说：“生活就是对人的兴趣，就是成为整体中的一分子，将我的力量贡献出来，谋求人类的福祉。”

生活、人民，才是历史的动力和方向，而生活的逻辑是人民，不是权力，虽然生活离不开权力。权力与生活又是相互联系不可分割的，尽管权利总是在指使着生活，但生活总是在自己的逻辑轨道上演进，以至于权利也不得不跟随着生活的脚步。

所以，人类历史的本质是百姓的、人民的生活史，是生活的动力推动着人类历史不断地朝着百姓和人民的方向前行，虽然在前行的过程中有时权力的逻辑占了上风，从而导致人类的相互斗争甚至是残忍的战争，但是动荡之后终究又回到生活的逻辑轨道上，人类又开始了新的生活。

中国历史，倘或不是被征服而发生断裂，就是一部最典型的人类生活史，这部生活史所体现的正是生活逻辑的自在规律，以及生活与权利的交替融合、相生相成所形成的“自动平衡”机制，如李约瑟研究中国科技史所得出的结论：“事实上，‘停滞’一词根本不适用于中国，那纯粹是西方的误解。传统中国社会显现出一种持续的总体进步和科学进步，只是在欧洲文艺复兴之后才被指数式发展的现代科学迅速超越。用控制论的术语来说，中国社会是自动平衡的，但绝非停滞不前。”①

人类文明的至高境界是哲学和艺术，几千年来哲学和艺术的运行轨迹一再显示，它们崇尚的是生活的逻辑。哲学和艺术的历史，就是一部生活俗世化的赞美诗，这部史诗的序篇还带有浓郁的权力逻辑的神秘色彩，现在正在向着中篇和终篇行进，在这个行进的表演舞台上，神秘化开始褪色，人民生活所占据的位置越来越倾向于主角了。汪曾祺的散文之所以能够历久弥新，正由于他能在战火纷飞权力至上的年代，仍能保持着生活的本色。

艺术文明首先是人民创造的，是劳动和生活的结晶。随着社会组织的强化，权利开始支配了这些艺术活动和艺术成果，从而使艺术变得权力化、宫廷化了。这个时期所有的文化艺术无不带着宫廷风格、贵族气质和权力色彩，甚至一度脱离了现实生活。好在生活的力量从来都是不争之争的，生活的创造力量总是在默默地推动人民前行着，并以其潜移默化的巨大力量如滴水穿石般地占领着社会的各个领域，并终将使文化艺术从宫廷步入社会，从贵族移向大众，从权力走向自由了。古典音乐向流行音乐的转变，即是艺术世俗化、生活化的逻辑展现，唐宋诗词融入社会的俗世化转折，不仅是中国文化从士族走向社会、从宫廷走向民间的历史演变，更是一部人民生活的壮丽画卷和伟大史诗。所以雅斯贝斯在《论历史的起源

---

① 李约瑟．文明的滴定［M］．张卜天，译．北京：商务印书馆，2018.

与目标》中说："历史就是人的生活。"

生活的力量不可阻挡。生活的逻辑就是爱的逻辑，是人民的逻辑，是生存的哲学艺术，它是超越差等、超越阶级、超越竞争、超越文化，进而走向共生的逻辑。

我心有你

高铁上，邻座是个女孩，稚嫩的脸上架着一副大大的眼镜，一看便知是开学返校的学生。“在哪儿上学？”我问。“在吉林大学。”她答，不经意地流出几分自豪。“大几啦？”见我追问，她有些不自然地说：“我都研二了。”“啊？这么小，都研究生二年级啦？读什么专业呢？”她看我手里拿着本黑格尔的《法哲学原理》，又戴着老花镜，不像是“黑老大”什么的，便莞尔一笑：“我是学法律的，攻读民法。”我略显兴奋地说：“民法？好！法律学家往往偏好法理研究，专做些‘宪法’之类的大学问，街坊邻里、楼上楼下的生活小事，却很少入他们法眼，这方面的法律空白，就看你们年轻一代怎样去填补了。”

旅行中，尤其是长途旅行，遇上一位能聊上几句的邻座，旅途的时间便不会那么难熬，也算是一种幸遇了。“大叔，您也是学法律的？”女孩似乎也想多聊几句，我答道：“我不是，只是喜欢思考问题。比如近来常提到的‘高空抛物’，砸到人了是法律问题，没砸到人，或是只抛下纸屑或其他轻质物品，即使砸到人了也不会伤人，或是楼上吐痰落到楼下车窗上了，这类情况属于法律问题还是道德问题呢？”

女孩眨眨眼，没有回答。恐怕不好回答，我陷入了深思：如果法律开始关注人们的日常生活，恐怕很多时候也是无能为力的，因为现实生活远比想象的更丰富、更复杂。现在的城市生活，居住环境大都小区化了，停车、出行便成了“天字第一号”的难题。一辆临时停车，影响了邻居车通行，这似乎构不成法律问题，若是阻碍了救护车和消防车，则就变成法律责任了。本可以停两辆车的车位，邻居随手一停，别的车再无法停进。即使你有固定车位，左、右两边的车都停偏了，尽管没有压到你的车位线上，却把你的车位挤压得只剩下一窄溜儿，你好歹打了几把舵停了进去，紧紧巴巴仍是不便于开门出入，然而法律依然管不了这些。你若一不小心把邻家车给剐蹭了，却是要担全责的，法律在这时可就有权说话了。你不服气，跟人家理论，认为他的车停偏了，车头还出来一小块，影响你正常停车，也应分担一部分责任。可法律没规定这些细节，没人为你评理，有人想帮你也没个依据，结果只能是能忍则忍，认罚认命了。

最难处理的是邻居装修。噪声还是小事，结构改动就是大事了。有一位好友是力学教授，看好海边一个小区，进小区参观时，正巧一栋高层顶楼在装修，结构框架大拆大改，看得他两眼直愣愣的："这楼谁还敢住呀！"这似乎已涉及法律责任，可没人问也没人管，也便又成了"无法无天"的人民内部矛盾了。楼上装修，楼下漏水，严重了便也要担法律责任的，不严重时则又成了邻里矛盾，只能住户自己协调自理。人人皆知不能在走廊楼道里乱放杂物，可很多楼道里的杂物却总是清也清不完，扫也扫不净，越是破旧的楼宇越是如此。乱搭乱建的现象屡屡曝光，却又屡禁不止，顶楼的加建一层，边楼的加建一块，外墙像贴了狗皮膏药，杂物却堆到公共花园里，等等。自己家是宽大敞亮了，邻居却遭了殃，甚至整个小区都已面目全非失去了统一的美。这与"抢钱是法律问题，欠钱不还则是经济问题"一样，到底是道德出了问题？还是立法出了问题？或是法律不够完善呢？

应该说道德和法律都产生了需要进一步解决的新课题。民法不够完善或执行不够坚定，就会让"道德人"或守法者吃亏受害，道德边界就会模糊，甚至导致社会失序。而重建道德规范和社会秩序，一方面要完善法制建设，同时更要加强道德教育，没有强大的以价值观为核心的道德制约，再好的法律法典也会有人去践踏、去破坏的。民法尤其如此。因为民法就是社会生活中的行为范式和情操金典，是游走在道德和法律边界的生活准则，它们既有联系又有区别，既不能偏废也不能割裂，有着良好秩序的社会，一定是道德和法律相辅相成的和谐的社会、共生的社会。

而与民法结合得更加紧密的道德教育应该是怎样的呢？我认为应该是

“有你教育”。心中有你应该是社会秩序和道德情操的重要原则。余秋雨在德国租房遭拒的经历便很有启发意义。2001 年，他初到德国时想租一间房子，房东是一名头发灰白的老人，试住五天后双方都十分满意，正打算签订长期租房合同。然而一个小小意外，老人最终拒绝了余秋雨，原因不是他打碎了一个玻璃杯，而是他在处理玻璃碎片时出了问题。“他像往常一样把玻璃碎片与其他垃圾一起放在了一个袋子里”，老人知道后急忙把垃圾袋从外面捡回来，然后把玻璃碴一一挑出，装进单独的袋中，并写上“里面有玻璃碎片，危险”的字样，以避免伤及清洁工或其他人。老人拒绝把房子租给余秋雨时只说了一句话：“因为你的心没有别人。”在处理玻璃碎片时，一个想的是不要伤了他人，一个是习惯性地方便了自己，所以网上有人说“原本这是两个世界的人”。而“内心十分惭愧”的余秋雨能把这段故事公之于众，正说明他已意识到心中是否“有你”的文明差距，并以此启发我们应该怎样“心中有你”地与他人交往，更希望被爱包裹着的人们也能用自己的爱去温暖别人。

我们常说要换位思维，要学会站在对方的立场上去思考。这在个性觉醒的“自我”时代里，似乎又是个悖论。“自我”不就是从“我”的角度出发吗？不就是“个人主义”吗？我为什么要为你去思考呢？这并非完全错，个人主义是美国的文化内核，没有人否定这一点。问题在于每个人都秉承“个人主义”时，你也就必须承认其他人的个人主义存在。真正实现个人主义的，首先要尊重每一个个体，认识到他人也是个人主义者。与其说个人主义是“人性的弱点”，不如说正是在个人主义的文化滋养下，才真正成就了卡耐基以尊重他人为前提的“为人处世”的成功之道。人们越是强调“自我”，就越是期望得到他人的尊重；越是想要他人的尊重，就越应该懂得尊重他人的“自我”。人们在超越了生存需要的基本需求时，就越是追求自我，越是努力“自我实现”。此时的个人才是真正个性觉醒的“自我”，是心中有你的“自我”，是最富创造力的“自我”。“我心有你”的自我已经超越“自我”，已经是有我与有你、道德与法律的和谐统一。

“我心有你”并不是多么伟大的行动，它就在你我的日常生活当中。当我们超越“自我”而心中“有你”时，你再停车就会考虑到后人停车的方便，你再装修房子就会考虑邻居的感受，你再想往窗外扔杂物时就会想到楼下有人，你再在酒店吃自助餐时就会自觉不能浪费，你再在公共场所打电话时就不会大喊大叫，你再上电梯时就会为后进者按住电梯门，你再往楼道里丢弃杂物时就会顾及邻居的感受，你再驾车遇到人行道时就会先让行人，你再去进行商务谈判时就会首先想到共赢……

生命是地球上的共生总体，“有你”才能最终成就“自我”。当我们每个人的心里和行为都实现了“有你”，每个人也就都获得了自由并实现了“自我”。个人“自我”是在尊重他人“自我”的前提下实现的。没有他人的“自我”也就没有个人的“自我”。实现个人权利，首先应懂得尊重他人同样的权利。他人同样的权利得不到尊重，个人权利也就不可能得到其他人的尊重，结果每个人都强调个人权利却都没有真正得到其他人的承认与尊重。相互尊重是每个人的内心深处真正实现的“有你”，“我心有你”才能实现“他心有我”，我心有你最终受益并获得尊重的，是我们相互依赖、相互联系的每一个自我。

共生意志

写作《共生管理》一书时间拉得很长，平时有了些许想法便习惯性地记到本子上，虽是些只言片语、不成体系的“碎片”，却也是一时兴致所起，事后读起来还真有些感动自己的地方，于是便生了怜惜之心，舍不得将其丢弃。其中有的想法已融入《共生管理》，有的尚未用上。现将这些杂记片段摘录于此，或可作为睡前细语或饭后话资，若结合《共生管理》合读，对全面理解“共生”当有裨益。

关于共生

“共生”作为一个词汇或概念，已经不是什么新鲜事了。作为生物学概念，从德国生物学家安东·德巴鲁于1879年正式提出“共生”，至今已有一百多年，如果把相似的词汇集合起来，从柏拉图在《理想国》提出的共产，以及《尚书》《礼记》所说的“大公”“大同”，算起来这些近似的提法就有两千多年的历史了。现在重提“共生”这一概念，时代不同了，环境发生了改变，又有它新的含义和原因。

共生是站在宇宙、地球生物层面的思想维度，是生物全息的思维语境。

日本学界对“共生”的研究所形成的文化氛围，成就了稻盛和夫等企业家的“利他主义”管理哲学。

共生思想指的是宇宙万事万物互依互联，既有黑暗也有光明，既有竞争也有合作，在相互关联的矛盾对立的统一作用下，探索平衡与和谐并逐渐趋向于共存共在、共生共赢的主张。

共生是宇宙的法则，地球的使命，人类生存的自然选择。

共生的所有理念要从小学教育开始，从家庭教育开始。所有的关于差异、尊重、个性、合作等心理习俗，无不启蒙于家庭。

共生是积极性的均衡，而不是消极性的和谐。

共生是超越竞争、融合冲突的和谐，但不是消弭冲突和反对竞争。和谐并不是你好我好大家都好的和事佬，世界万物不可能消灭差异。共生是承认差异与尊重个性的和谐。

爱万物并不是爱一切，比如跳蚤、臭虫、虱子等。哲学家罗素和生物学家威尔逊都有类似的说法。

共生是宇宙天地的自然之道，世间万物的互联之道，人与自然的和谐之道，竞争与合作的均衡之道，追求美好的大同之道。

关于竞争与合作

共生是竞争与合作的平衡理论，利己与利他的协调理论，适者生存与协作生存的融合理论。文明的程度越高，越能体现出利他与合作；蒙昧时期或许相反，但合作也从未缺席。

人类发展至今天，更应强调的是合作。共生就是竞争与合作共存共在的、发展与生存的和平理论，是人类对美好生活的理想与憧憬。

倡导多样性，承认等差，尊重个性，多样并存，主张竞争与合作的和谐共在，这是最基本的共生法则。或可称之为“共生思想”，也可以称为“共生主义”，但由于与“共产主义”音近且容易混淆引起歧义，加上共生并不主张“唯一因”或“终极解”，所以共生提倡“无主义”，暂且不用“思想”“主义”之类的提法，可能使用“意志”一词更合适一些，这并不是说它的体系或哲学架构还够不上这样的高度，而是仅此代表着它还只是一种亟须推广和研讨的想法，是一种美好的、坚定的且需完善的理想。

共生是在承认生物多样性的前提下，认为人既是利己也是利他的，是竞争与合作的矛盾运动的动态均衡关系。

一个社会没了贫富差别，人性也便没了积极动力；但若贫富差距过大，社会又会动荡不安，古人所谓“大富则骄，大贫则忧”是也。共生就是要承认并尊重等差，鼓励公平竞争致富，但又要平衡好贫富差距的和谐状态。

“我们为什么不能合作？”显然是思想观念出了问题。我们的任务就是要把共生意志演化为一种合作精神，把合作精神演化为一种行为规范，让共生成为人类共有的价值观念，成为我们的生活方式和价值选择。

竞争是共生的优化机制，合作是共生的实现手段。共生是无害的竞争，竞争是激励的共生。

超越竞争 = 无害竞争，承认竞争 = 尊重差异。即：“同无妨异，异不害同”[①]；争而无害，合而有争。

休谟与人性论

休谟的《人性论》承认人是自私的，也认为一个人爱自己甚于爱其他任何一个人。但他也十分强调人有爱妻子、爱子女及协助、帮助他人的慷慨的美德。他认为人的自私被渲染得过火了。

马斯洛、汉迪等大学者也都普遍认为人性被低估了。

生命是我们能够知道的宇宙中最为复杂的现象，而我们又是地球诞生以来最为复杂的生命。

“人是一摊烂泥”或“人是一种猴子”，好听一点儿的说法：“人就是一种动物，一种真社会性的动物。”人类文明的进程，就是人类自身逐步

① 见冯友兰《西南联大纪念碑》：“三校有不同之历史，各异之学风，八年之久，合作无间，同无妨异，异不害同，五色交辉，相得益彰，八音合奏，终和且平。”

区别于其他动物的“去动物化”的过程。

自然界是“自然共生”，人类社会应“自觉共生”。

人品和能力都重要，不能偏废。人品是可变的，不同的情境可以造就不同的人品，不同的人品也可以影响或制造出不同的情境。

人的天性也是多面的，不同的情境环境造就不同的天性，不同的天性也能影响或塑造不同的情境环境。

经验与理想

如果我们不能正视和总结以往的经验教训，我们就无法避免相同过程的重复，也就是人们常说的重蹈历史覆辙。

人要有理想，没有理想就没有了目标、方向和灵魂，但更要有实现理想的步骤、措施和能力，不能实现的理想等于空想。能够实现个人理想的是强者，能够带领更多人实现理想的是领袖。

爱的浪漫，生活的美好，就是共生的理想。

伟大的变革时代总是伴随、孕育着伟大的思想，伟大的思想总是引导、影响着伟大的时代。没有伟大的时代便不能造就伟大的人物，没有伟大的人物也不可能实现伟大的时代。

美国前总统尼克松在其《领导者》一书中曾说过：“伟大的思想可以改变历史，但只能在产生了能给这些思想以力量的伟大领袖之后才能实现。”

共生管理

不称“共生管理学”的原因：①不成熟，只是初步的、感知性的想法；②共生思想本身就不倡导或是应该避免固化的学说或是模式化的管理。

“偏利”不可能长期“共生”。不对等的进出口贸易关系也不可能持久，日本企业在中国全面败退的原因固然有很多，初期的“偏利”恐怕是一个重要因素。林真好小朋友的课辅读物有一篇《一点值万金》的文章，该文入选初衷是要让孩子们认真仔细，不要马虎，可文章中选择的案例却是中日最初贸易不对等的一个典型。

与其用而制之，何如信而任之。静下来，沉下去，携起手，合伙干，扎扎实实地做好每一件事，为共生行动立下执行准则。

认清人性，学懂股权，适当分权，做好分钱，管理无难事。

也许一个人会走得很快，但一群人可能走得更远。共生管理就是个人与集体、能力与品格、上级与下级、部门与整体、制度与文化的共存共在、和谐平衡。

能力与品格是相互的，不能混同也不能割裂，偏颇如同偏利。认为忠诚大于能力，或能力比忠诚重要，都是偏颇、偏利的思维定式。《比能力更重要的 12 种品格》一书，命题就已经出问题了。

共生与合作

共生是思想，合作是实践。

共生重伦理，合作重规则。

共生关注“人”，合作注重“事”。

共生讲价值理念，合作讲游戏规则。

共生强调的是人与万物的联系，合作关注的是人与人的相互关系。

共生主张价值认同，观念契合，目标导向；合作强调契约条件，利益时效，具体执行。

共生是人类生存的生活方式，合作是人类相处的生存策略。

合作是共生的手段，共生是合作的目的。

没有共生就没有合作，没有合作就没有共生。

思想的进化

没有竞争生命就会退化，富裕的社会一定都是“来自竞争的繁荣”。言论、出版、思想也和经济一样，都需要有市场，本质上都属于你愿意出货、我愿意买进、“你好我才买账”的自由交易关系。有了这样的市场，人们的言语便更多的是一种温和性的、商量性的、建设性的探讨或商量，一般不会出现违背思维逻辑和市场规律的强买强卖。反之，倘若没有形成这样的市场环境，欺行霸市的活动就会出现，除此之外的言语或文章，即便是研究性的学术成果，也都每每会带上一些义愤、牢骚或权威的味道。批评或泄愤的言语表达，往往是对压抑和限制的一种反抗，允许不同声音和不同思想的灵活交易，才会使语言的艺术趋向平和与美好。有了不同的声音才能形成“脑力激荡”，人类的思想也正是在这样的“激荡竞争”中不断进化的。人类的进化，社会的进化，无不是伴随着思想的进化共同实现的，如果没有思想的进化，其他进化也都难以实现，一时实现了也会退回原地甚至倒退。

美国和新西兰合拍的《掠食城市》，就是以现代人的思维想象一千年后的地球。地球因人类量子武器几乎遭受毁灭，幸存下来的人并未以此为鉴反思自己，而是依然设法武装自己继续进行人与人、国与国之间的殊死争斗。

唯应注意的是，异议或冲突的“激荡竞争”不能到了伤害的地步，竞争不是为了毁灭性地清除对方，而是为了更好地共生共在，如同夫妻生活有商有量，言语过头了就会伤害感情一样。

不同的文明与文化

汤因比的《历史研究》，亨廷顿的《文明的冲突》，以及其他很多学者的著作，都对文明进行了分类比照，无不认为人类文明不止一种，而是多种。不同文明是地球生灵献给这个世界的精彩纷呈的礼物，收下这些礼物，是对各种不同文明的承认与尊重。不同文明之间不存在谁优谁劣、谁高谁低的差别，也不存在哪一种文明可以凌驾于其他文明之上的“普世文明”。所有认为存在不同文明的学者几乎一致认为，世界上不应有哪一种文明可以自诩为世界的“中心”。

契约是文明，契约中的精神是文化。

器物是文明，器物上的艺术是文化。

看得见的是文明，看不见的是文化。

共生文化和其他文化一样，也将在不知不觉中影响人们的生活和行为。

一元与多元

人类历史既是一元的，也是多元的。多元出自一元，一元演化为多元。一元是其原初状态，多元是其现实本质。就生物学结构而言，生物多样性原本都出自一元，但一元并不是简单的个体单一，而是多个单一结构上的同源。我们都属于单细胞生命体演化而来的物种，但并非最初生命诞生时整个地球上只有一个单细胞，而是多个，是成群的单细胞，这些细胞结构是相同的，从这个意义上说它是一元的；但是最初的单细胞又是以群体形式存在的，如同天上的繁星你无法知道它们到底有多少个，从这个意义上讲生命原初又是多元的。再来看看单细胞组织，作为一个单细胞它是一元的，但作为一个细胞结构组织，它又是多元的。即细胞是由线粒体、叶绿体和细胞核等细胞器共同组成，这也就是所谓的“内共生理论”，也就是说细胞也是由不同颗粒的各种物质相聚而成，因此它本身也是多元的。生命就是一元与多元的融合统一。认为这种统一亦即“同一”，它是“非同一性的同一”或“非同一的同一性”，这跟孔子说的“和而不同”似乎是一个道理。张之沧教授和他的学生张禼合著的《多元方法论》，对一元论和多元论的阐释是迄今最为周详的。

领导者与团队

电影小说等媒体宣传，为了突出主角，往往打造的都是个人英雄，使得吃瓜观众大都朦胧在个人成功的文化氛围之中。美国影片中对个人英雄主义的塑造可以说已经淋漓尽致，虽不能说它已形成主导，但至少可以说它已在很大程度上影响了世界艺术的英雄格局。很多追星族之所以如醉如痴地崇拜偶像或迷恋英雄，根源主要在于这样的文化环境。

事实上任何一位成功的领袖或企业家，他之所以能够成功，除了他个人的领导才能，更重要的还与他拥有一支超级伟大的精英团队密不可分。中国革命的成功，不仅因为有伟大领袖毛泽东，还因为拥有朱德、周恩来、刘少奇、林彪、叶剑英等一大批精英分子所组成的超级团队，这些团队成员个个都堪称领袖英才。乔布斯一生最得意的不是苹果电脑或苹果手机，如他所说，是他一手带出来的伟大的“创意精英”团队，其他东西不过是团队协同工作的产物而已。

领导者和团队是彼此交融相互依赖的关系。伟大的团队必有一位伟大的领导者，伟大的领导者也必有一支伟大的团队。没有一支伟大的团队便不可能成就一位伟大的领导者，没有一位伟大的领导者也同样不能成就一支伟大的团队。伟大的思想往往诞生在伟大的文化氛围中，伟大的文化氛围往往又是伟大思想引导下的价值取舍。沃伦·本尼斯说：“没有任何一个人的智慧能及得上所有人的智慧之和。”但若没有伟大的领导者，所有的智慧便很难形成集合的力量。

领导者和团队是相互依存、互为促进的共生关系。团队需要英雄、领袖和领导者，领导者也需要团队的滋养与酿造。这就像国家围棋队，没有个人的强大便不能激发团队共同强大，没有团队的强大也不可能滋生出世界冠军。没有领导者的团队很难使目标同一形成集中的力量，领导者则应是众多精英分子中平等的一员，不同的是领导者富有决断力，他也必须决断，但决断不是专断，更不是以自我为中心进而凌驾于其他成员之上。因为伟大团队中的“自我”通常都得以充分发展，不大可能把领导者奉为先知，团队合作唯一的规则与程序，是愉悦地推进一致的目标和共同的事业。①

我们的文化需要英雄，需要领袖，但也需要集体，需要团队。伟大的奥秘恰恰在于英雄与团队的默契与融合。温斯顿·丘吉尔在讲述集体与个人关系时也曾说过："未来世界问题和解决问题的方案都存在于集体主义和个人主义想法的良好协调中。"②

共生文化就是要打造出有英雄领导的集体，有集体造就的英雄。

共生型联盟与联邦

共生联盟全称应该是"共生型企业联盟组织"。共生联盟代表共生型企业的价值认同，代表共生型企业的诚信标准体系。

联盟最大的好处是增强竞争优势。战略大师波特，在研究企业如何选择竞争战略和获取竞争优势时指出，有三个基本战略能为企业获取竞争优势，即成本领先战略、标新立异战略和目标集聚战略。所谓目标集聚战略，就是依据细分市场加强企业关联所形成的优势。他认为业务单元间可能的关联有三大类型：有形关联、无形关联和竞争对手关联。正是这些关联，可以转化为竞争优势。

美国文化突出的是个人主义，因而也就特别强调竞争，于是便涌现出教你如何竞争的大师——波特。不过，他强调的关联提升竞争优势，恰也说出了企业联盟的一项重要意义。

共生型联邦组织可简称"共生联邦"，是不同主体结成的合作型共同体。联盟与联邦有相同之处，也有不同特点，概括起来，或可作如下表述：

联盟者权益独立自由，联邦者需要让渡部分权益。

---

① 沃伦·本尼斯．七个天才团队的故事［M］．张慧倩，译．杭州：浙江人民出版社，2016.

② 1908年5月4日，丘吉尔以"社会是什么"为主题的演讲，收录在《永不放弃》一书中。

联盟是独立组织因为共同利益和文化趋同的合作，联邦是组织内部分权制的治理结构。

联盟是独立型的合作，联邦是合作型的独立。

联盟是利益关系与文化关系的合作机构，联邦是共同体关系与合作关系的成员组织。

联盟是松散型的统一合作，联邦是协同型的合作统一。

联盟是企业组织的合作方向，联邦是分权治理的企业组织。

文化渊源与企业文化

文化是根植于社会生活中的习惯、风俗、信仰和价值判断。没有脱离社会的文化，也不存在超脱于社会生活之外的企业文化。中国的企业文化看似改革开放之后才有的，其实不然，它是中国社会生活方式和价值伦理的延续，只不过是在延续的路程中拐了个弯，但却从未隔断，也不可能发生像福山教授说的那种“断裂”。

“人”之所以成为“人”，是一个漫长的历史过程，在这个过程中是断不会有一个“冰点”或“沸点”的刻度来让人们计量的。什么时候是猿，什么时候开始是人，没有谁能给出一个时间刻度，能够给出的，只能是一段时期的进化过程。因此，猿的生活习性和人的生活方式，也不可能一下子断然分开，“人”总是要延续一些“猿”的生活习惯的。从这个意义上说，人类文化其实是产生在人类之前，在人还未成为“人”之前，就已经有了后来成为“人”的文化因素了。这个时期的文化，往往只是简单的个体与个体、个体与群体之间一般关系的经验感知而已，更多的应该是“人与自然拴在了一起”。

由此推论，文化也并非什么神秘、神圣之物，它不过是人性的映照与扩展而已。懂得了这一点，也就不难理解经济学、管理学以及企业文化，为什么每每要从“人性假设”起始了。人性仿佛已经成为很多种学科——

尤其是人文学科绕不开的根因，倘若对人性以及影响人性的社会尚且只有一些肤浅的认知，或者有了些许认知又都不能公开论及，那么希望在这样的人群里能够有人文学科理论上的惊人发现，那你如果不是失望，就一定是一种奢望了。

进步的悖论

我们身处悖论森林之中，悖论无处不在，“进步”就是各种悖论中最突出的一种。共生文化认为，进步的“价值”不应只是攫取和破坏地球资源而获得的社会文明，它更应该是一种获得科技和工业文明的同时也维护了地球生命和谐的生存状态。核武、化武、生武即是人类的一种科学文明、技术文明和工业文明，但未必完全属于人类生存意义的进步，它对生命和自然带来的有可能是前所未有的摧残与破坏。

这是人类文明最大的悖论。科技发展了，却并非完全属于进步，甚至是伤害与倒退，而我们又不得不为之，不得不继续发展科技。因为你不发展，总会有人去发展，这个世界就会更加不平衡、不和谐，就会有更多的文明被欺凌、被毁灭。那是地球生命的灾难，它只是部分生命的胜利，而不是人类全体的福祉，因为最终它会伤及所有的生命，包括胜利者自己。这就迫使所有人类都不得不在竞争的轨道上去竞相发展现代科技，因为平衡与和谐从来都不是胜利者的恩赐，而只能靠全体人类去共同争取。

经济发展也一样，人们的物质生活和文化教育医疗等公益事业都有了改善，但也为此付出了代价。查尔斯·汉迪说：“如果冷静回顾过去这几十年，会觉得这一切是福是祸仍未明朗。”“我们把消费当作衡量成就的标准，因而无意间创造了一个不知足的社会。”[①]钱穆先生也认为经济在全部人生中所占地位，消极的价值多，积极的价值少，“倘若个人或社会，把经济当作唯一最重要的事件与问题，那么这个人的人生绝非最理想的人

① 查尔斯·汉迪．我们身在何方［M］．周旭华，译．北京：东方出版中心，2017.

生，这社会也绝非最理想的社会。”[①]

人类文明并不是一条向前进的直线，因为这种悖论，西方涌现出“文明没落”的思想流派。《西方文明的衰落》《思想的后果》等，都讲述了现代科技进步和生活富有的同时，人的精神却更加空虚和堕落了。如理查德·维沃所说：“在表面上很富有的现代社会中，人们反而体会到一种匮乏感”，“在我们这个时代，一个最紧迫的任务就是让人们接受文明衰落这个事实，因为如果我们不首先确定这个历史性事实（它是可以确定的）、不让现代人明白他们所继承的家产已经挥霍殆尽，我们就无法与那些堕入歇斯底里的乐观主义的人相斗争”。他甚至认为我们这个时代才是真正的“野蛮时代”，“我们陷入了这样一种处境，我们缺乏道德感却茫然不知，我们堕落着却找不到任何衡量堕落程度的尺度”。[②]

发展与毁灭是人类难以逾越的悖论之一，而共生思想正是试图超越这种悖论，去尝试找寻能够平衡各方力量的新解。这个新解也是罗素毕生在寻找的，他在《权威与个人》中称之为“无害的出口”。汉迪也乐观地认为，时代越是波涛起伏，悖论也越多，悖论是创造力和新秩序出现的前奏——在新秩序建立之前，我们不可能完全解决或逃脱悖论，只能设法缓和最糟的，掌握最好的，并在其中捕捉前进的线索。

心理学家对人的精神健康的分析也得出积极的结论：“社会可以具有两种功能：它可以促进人的健康发展，也可以阻碍它。……精神健康状况是由社会的客观条件决定的，社会既能促进人健康发展，也可促使其畸形发展”，“现代人获得了自由，然而在内心深处却渴望逃避自由”。这是艾里希·弗洛姆在《健全的社会》中说的。从“人”出发，社会进步可能带来两种结果，所以他特别强调改革的整体性。他说：“只有当经济、社会——政治以及文化领域同时发生变革时，社会才会进步。任何局限于一个领域的进步都会伤及整体的进步。”“只注意某一个方面的变化而忽视其他各个方面，对整体的变化来说是有害的。”一如谢拉俱乐部的座右铭：“不要盲目地反对进步，但要反对盲目的进步。”

---

① 钱穆．中国历史精神［M］．贵阳；贵州人民出版社，2019.

② 理查德·M. 维沃．思想的后果［M］．王珀，译．南昌：江西人民出版社，2015.

名著的焦点与导向

大部分的世界名著，大部分的文学名家，关注的往往都是社会底层的生活状况。它们之所以成为跨文化的世界名著，他们之所以成为跨民族的著名作家，“底层”的民众情怀可能正是其成为不朽的原因。“底层情怀”是驱动社会变革的一种力量，“底层情怀”少了，多起来的将是“上流情怀”，上流情怀是既得利益的情怀，此时的社会，维护现状的力量就会增加，追求变革的力量就会减少。

上流情怀往往都与金钱、权力以及社会地位相关联，当人们的眼光主要聚焦在上流情怀时，整个社会便很难涌现出以关注社会底层为特征的世界名著和文豪大家。特别是在整个社会追求物质和崇拜金钱蔚然成风的时候，人们的眼球就都盯在金钱上了，有钱人成了成功的榜样，他们讲的、用的、住的、穿的、戴的，都会成为人们仿效的目标。这个时候作家笔下的人物便不再可能是安娜·卡列尼娜或茶花女，而多是那些有钱有地位的名人或“成功人士”的传记了。

由此可知，并不是关注“人”就是以人为本了，还要看关注的是什么人，是哪个层级的人。你关注的焦点若是底层人士，你的眼睛自然就会看到社会底层的艰辛，进而平添一些怜恤与博爱。你若把焦点对准到“上流”的物质上，你关注的重点自然就会是金钱、权力和地位，这种时候人性便很容易被扭曲得变了形，变成什么模样都有可能，而最有可能的，即是变成金钱和权力的奴隶。

关于“人力资源”

“人”是资源吗?

传统的说法中“人”是资源。传统经济学把资本和劳动看作生产要素，劳动是什么？是人的活动，所以人是生产的重要资源。也有人把企业中的人看作是资本，是财富，所以管人的部门叫“人力资源部”。国家也有“人力资源和社会保障部”。从词语层面解释，“人”是资源。

在现代语境中也许把“人”看作资源未必合适。在现实社会中，每个人都是鲜活的自己，有自己的存在价值和意义，有选择自己生活和工作的自由权利，他们都是独立的个人，不再是他人或组织的工具，这时的人就只是“人”，本质上他已不再是别人或组织的资源了，而仅仅是构成社会的个体。

更准确的说法，或许“人”既是资源但又不是资源。说他是，是因为只有每个人都联合起来才能完成更大的事业并组成社会总体，所以每个人都是事业成功和社会运行的一部分；说他不是，是因为即便人们组合在一起也不再只是生产要素或工具，而是人们自愿的价值选择，是一个个自由的“自我”的集合创造，这时的人是共创共享的独立个体，他既是群体的也是自己的，所以也就不能说他是别人的或组织的资源了。

为什么不能把“人力资源部”改称为“人力共享部”或“人力资本部”“人力组织部”呢？我以为是可以尝试的。我们最需要的是关注“人”本身，而不是某种属性的或某种功能的资源。

人的价值是可变的

资本的作用越大，人的价值越小；政策对市场的作用越大，人在市场上的作用就越小；政治环境对经济活动的影响越大，人在经济活动中的作用就越小；权力对经济活动的影响越大，人在经济活动中的价值就越小……

反之，市场机制受到的干预越小，人的价值就越大；生存环境的压力越小，人的创造性价值就越大；人的创造性天赋受到的限制越小，人所释放的价值就越大；人被歧视和压抑的程度越小，人被尊重的价值就越大……

人的价值的大小，受制于人所处的总体环境。环境变化了，人的价值也会随之改变。但人的价值大与小的关系并不是截然对立的，而是对立统一的制衡关系，它们有一股在动态中趋向自我平衡的“纳什均衡”的动力，或可称为“共生关系”的平衡力量，或称为“价值共生”。

系统与碎片

我们常说现在是信息爆炸时代，信息量太大，以至于让你目不暇接，不得不放弃很多。

不仅信息量大，而且又杂又多又乱，每个信息或许只有一丁点儿大，但堆集起来，就可能大到要爆炸了。

形形色色，五花八门，纷纭复杂，无章无法，大到无边宇宙有了边际，小到分子原子有了公母，不成系统，不成体系，有的只是随性地放肆与任性地转发与播出……

一切都碎了，系统碎了，体系碎了，碎成了片，碎成了粒，碎成了粉，碎成了云……

杂乱的量，代替了稀少的专，一切都失去了目标，没有了专注。无目的、无意义、无系统的碎片化无序，仿佛为时代做了一个混沌的标签。

混沌？是的！只不过，混沌一方面是失序，另一方面在酝酿新的秩序，是新秩序的开始。一旦我们跳出成堆的碎片，走出系统怪圈，忽然发现杂乱的碎片同样有规律、有系统、有秩序、有稳态。杂乱的碎片似乎个个都独立自主，自成个性，看似杂乱无章，却又以其各自的独立形成了新的秩序，组成了新的系统。不是系统碎了，而是系统大了、多样化了，多到像沙子一样。当无数的独立的沙子、碎片堆到了一起，它又有了形，有了更高大的形，它又成了一个新的体，成了一组新的系统。

系统成了碎片，碎片又组成新的系统。就像被打碎了的海绵体的细胞，不知不觉中细胞又都聚集到了一起，重新组成了一个新的海绵体。但这并不是生命体的简单重复，而是在新秩序下的重生。

野蛮与文明

西方白人曾经习惯地自诩为“文明人”，而把那些尚未进入现代工业文明的民族称为“未开化”的“野蛮人”。而一些生物学家也大都是白人，他们从昆虫和动物研究证明，每一个生命的存在都是自然造化的伟大精彩。连每个昆虫都那么伟大，为什么“人”就可以分出伟大和卑微呢？

其实，世界上根本没有什么“野蛮人”，他们只是按照自己的信仰和习俗生活着，所谓的“野蛮人”，不过是“文明人”自己的主观臆断，是为了征服他人所编造的理由和借口而已。

生命的原初是最朴素的真实，无论合作还是竞争。那些“文明人”反倒远离了这些最真实的质朴，他们在文明的进化中学到更多的，不是有利于人类的整体福祉，而是部分人自私自利的尔虞我诈、利欲熏心和争强好胜。自然演化赋予了人类更多的智慧，但也教会了“文明人”如何编造理由去做出更加野蛮的行径。“野蛮人”对待善与恶是那样的简明纯真，“文明人”的所作所为恰恰模糊了善与恶的界线，从而使善不像善，而恶却更加凶恶了。

两次世界大战给世界带来的灾难，能源之争给部分地区造成的战争伤害，工业污染对地球生态环境的毁灭性破坏，征服和掠夺导致的军备竞赛，由“追逐利润”造成的全世界竞争性的生活方式，不都是现代“文明人”一手发明炮制的吗？只有“文明人”才能组织起更大规模的“群体恶”，这才是人类文明的最大恶，造成最大恶的人，肯定不是真正文明的人，他们才是真正的野蛮人！

承认差异，尊重各自的文化习俗与生活方式，才是世界各民族相互尊重、共生共在的人类文明。文明的基础是尊重，强迫他人认同自己的文化，把自己的生活方式强加给他人，这是打着文明旗帜的野蛮行径，这样的人才是最不文明的“野蛮人”。

管理的灵魂——从竞争文化到共生文化

管理，治理，首先都是从你想要怎么管理、怎么治理开始。

你想要怎么管理、怎么治理，取决于你的思想维度，也就是你在灵魂深处秉持的是什么思想、什么思维、什么态度、什么价值标准。

任何管理和治理，首先都是心灵深处的方法论问题，即价值观和管理哲学。

美国的管理哲学是竞争哲学。

由生存斗争演化而来的适者生存—弱肉强食—胜者为王的竞争哲学，业已成为英雄主义的美国精神。这是以竞争为内核的胜者精神、强者文化。它的内核构造细数起来其实相当简单，那就是竞争，竞争就要胜利，胜利就有权势，权势就是控制，控制即可主动，主动变为利益。基辛格曾说过：谁控制了石油，谁就控制了所有国家；谁控制了粮食，谁就控制了人类；谁掌握了货币发行权，谁就掌握了世界。美国文化就是一种由生存斗争走向胜者为王的个人主义英雄文化。好莱坞大片的故事情节，几乎都有一个假想的竞争敌手，有大黄蜂就有擎天霸，有蜘蛛侠就有蜘蛛贼，有蚁人就蚁恶，有邪恶就一定有正义，有正义就有代表正义的个人英雄出现，并最终多以消灭的方式战胜邪恶或敌对势力。

热衷竞争确可助人获胜，但也是人类的悲哀。人类之所以超越了其他动物，正在于人类有着超强的思维逻辑和思想文化，这既是人类文明自发创造的果实，也是人类社会自己导演的悲剧。

第二次世界大战给人类造成的巨大灾难，不能不说即与这种生存斗争的竞争哲学有着很深的关联，有人称之为社会达尔文主义，或假达尔文主义。希特勒的信念就是“人人与人人的斗争”。在《我的奋斗》一书中，希特勒的一条主要结论是，从达尔文那里得来的信念也许是对的。这使他将自我保存与生存空间论紧紧地联系起来。“生存空间的局限迫使人们进行生存斗争；然而，为生存空间而进行的毕生斗争却又包含进化的基础。”结果是，各民族之间永不停息地斗争，而斗争的胜利，只能归于一个严格地、专心不二地献身于种族、人民和血的价值的民族。标准一旦降低，纯血若与劣血相混合，灭亡也就近在眼前了[①]。所以，他于1928年2月5日在库尔姆巴赫的演讲中直言不讳道：

斗争的思想与生命本身一样古老，因为生命的延续靠的就是其他生物在斗争中的死亡……在这场斗争中，强者和灵巧者战胜弱者和不太灵巧者。斗争产生了一切。人类能够生存并居于动物界之上，依靠的不是人道原则，而仅仅是最激烈的斗争……[②]

心理学家马斯洛对此也早有发现，他在《动机与人格》中对人的原始冲动有如下一段论述：

只注意动物的本能还导致另一个更严重的错误。由于某些或许只有清醒的历史学家才能解释的不可思议的原因，西方文明已普遍相信，我们身上的动物性，是一种恶的动物性，我们大多数的原始冲动是邪恶的、贪婪的、自私的、敌意的。

神学家把它叫作原罪或魔鬼。弗洛伊德主义者把它叫作本我。哲学家、经济学家以及教育家，也用各种各样的名称来称呼它。达尔文是如此赞同这种观点，以致他只看到了动物界的竞争，完全忽视了同样普遍存在的合作，没有注意到克鲁泡特金曾轻而易举地观察到了这一点。

这种世界观的表述方式之一，就是把我们的动物性看成与狼、老虎、猪、秃鹫或蛇的本性一样，而不是用稍好些或至少温顺些的动物，如鹿、象、狗或猩猩来比拟。这种表达方式，是"将我们的内在本性解释为恶的动物性"。但应指出，如果必须从动物类推到人的话，我们最好选择那些与我们最接近的动物，如类人猿。

美国社会学家格尔哈特·伦斯基在其所著《权力与特权——社会分层的理论》序言中也指出：

按照沃勒斯坦的看法，早在15世纪末和16世纪初就开始形成一种以欧洲为中心的世界经济。多年来，它一直逐渐地蔓延，到现在，

---

① 约翰·托兰．希特勒传［M］．杭州：浙江文艺出版社，2016.

② 路易·迪蒙．论个体主义——人类学视野中的现代意识形态［M］．南京：译林出版社，2014.

整个世界形成了一个由资本主义竞争原则所控制的单一经济体系。

著名德裔美籍心理学家艾里希·弗洛姆在《逃避自由》中对希特勒的分析更是入木三分，希特勒对达尔文主义粗暴庸俗的解释尤其表明了这一点。希特勒大力提倡无限制的自由竞争原则，把公平竞争精神视为生命的智慧，强者就是要统治弱者，最终适者生存。希特勒和他的政党的目的，“就是要统治世界”。他在《健全的社会》中对霍布斯和弗洛伊德的思想分析也得出了相关结论。在弗洛伊德的思想里“人性在根本上是竞争的”，无论是经济学所谓“经济的人”，还是精神分析学所说“性欲的人”，“都是方便的虚构概念，这些概念所声称的人性——孤独、自私、贪婪和竞争——使得资本主义看起来是一种完全符合人性的制度，从而使它免遭批判。”

西方的政治家们也都很清楚这一点。如美国前总统理查德·尼克松在其自传体《领导者》一书中写道：

> 美国在同世界各国相处时一个最常犯的毛病，就是倾向于用西方民主的标准去衡量所有国家的政府，用西欧的标准去衡量各国的文化。

尼克松自知这是西方中心主义的老毛病，并对此进行了批评，他认为不同的制度，需要各种不同的领袖。具有不同文化背景和处于不同发展阶段的国家，需要不同的制度。他的老搭档基辛格博士在《世界秩序》中也有类似的表述。

很显然，只讲斗争，只讲竞争，早已被世界各国的理论家和政治家所不齿。那么，罗素所说社会发展的“无害的出口”究竟在哪里呢？毫无疑问，是联盟，是合作，是合作与竞争走向和解的共生。